用 文 字 照 亮 每 个 人 的 精 神 夜 空

节日里的中国

中秋

黄涛 著

丛书主编 萧放

天津出版传媒集团

天津人民出版社

图书在版编目（CIP）数据

中秋 / 黄涛著 . –– 天津 : 天津人民出版社，
2022.9
（节日里的中国 / 萧放主编）
ISBN 978-7-201-18691-7

Ⅰ . ①中… Ⅱ . ①黄… Ⅲ . ①节日 – 风俗习惯 – 中国
– 儿童读物 Ⅳ . ① K892.1–49

中国版本图书馆 CIP 数据核字 (2022) 第 144670 号

中秋
ZHONGQIU

出　　版	天津人民出版社
出 版 人	刘　庆
地　　址	天津市和平区西康路35号康岳大厦
邮政编码	300051
邮购电话	（022）23332469
电子信箱	reader@tjrmcbs.com

责任编辑	李　荣
装帧设计	欧阳颖

印　　刷	北京金特印刷有限责任公司
经　　销	新华书店
开　　本	889毫米 × 1194毫米　1/32
印　　张	8.25
字　　数	220千字
版次印次	2022年9月第1版　2022年9月第1次印刷
定　　价	65.00元

目录

相逢幸遇佳時節
月下花前且把盃

中秋的歷史與內涵

如果把元宵节当作春节的延伸，那么中秋节无疑就是传承至今的我国传统节日中仅次于春节的第二大节。别的且不说，单从吃的方面就可以看出来了：一般来说，在我们的节日生活中，过某个节吃的顿数（指节令特色饮食）多，这个节就是过得隆重；吃的顿数少，吃得简单，这个节就是小节。春节大，吃的顿数也多，从腊八粥开始，到正月十五吃元宵，都要数不清吃了多少顿好吃的了。中秋节要过一天，吃三顿过节饭，而且提前好些天就开始买月饼、准备过节食品。所以单从吃的方面说，中秋节就是个大节。若全面地衡量，把它当作大节的理由就更充分：它有以团圆安定、天人合一、欢庆丰收为内涵的丰富多彩的节俗活动，并有着以数量众多、神奇瑰丽的神话传说为文化根基的浪漫艺术氛围，其节庆传统深受国人看重与珍爱。中秋节文化在历史上还流传到周边的东亚国家，至今在朝鲜、韩国、越南、新加坡等地还是很兴盛的节日。甚至在有的国家，人家过起从我们这里传出去的中秋节，比我们自己这里过得还热闹，比如新加坡的中秋节，前后要热闹一个月左右呢。所以，我们真的需要好好研究一下老祖宗给我们留下的这笔文化遗产，搞清楚它的来龙去脉，想想在今天怎样把它过得有声有色，至少也别让它在新兴的若干洋节面前黯然失色。我们得把这个原本浪漫抒情而又狂放欢快的节日过得生机勃勃、让人喜爱。

中秋的起源、形成与演变

　　说起中秋，我们对它的历史知道多少呢？它是什么时候出现的，怎样产生的？您能说得出来吗？说不出来也不奇怪。其实，这个问题在专家们那里也争论不休呢。我们这里认真考量各家的看法，加上仔细考证，将给出一个让您信服的说法。

　　关于中秋的起源，学者们给出的说法主要有三种：一是源于上古时期的月亮崇拜，二是源于祭祀月亮女神嫦娥，三是源于古人在秋季为庆祝丰收而举行的祭祀土地神的活动。但是这三种说法只是用来解释中秋节某些习俗的起源，不能用来说明整个节日的起源。因为这三种活动在上古时期就有了，而中秋节在唐代以前的记载中还没有出现。南朝梁宗懔的《荆楚岁时记》是全面记载当时社会习俗的书，其中就没有提到中秋。所以，可以肯定地说，中秋的直接源头不是上古时期就有的上述三种活动。如果说上古时期的月亮崇拜、月亮神话、秋季祭社等跟中秋有一定渊源，它们也是在中秋产生之后才对该节日的习俗构成发生影响的。

　　直到宋代的民俗志文献里，才明确地提到中秋。宋代文献不仅明确列出了"中秋"这一节日，而且记述了当时人们欢庆中秋的隆重热闹景象。南宋孟元老在《东京梦华录》以回忆的方式记述北宋汴京（开封）的繁华景象，其中卷八有"中秋"条。南宋吴自牧的《梦粱录》卷四、南宋周密的《武林旧事》卷三都设"中秋"条，做了较细致的记载。据史料记载，宋代朝廷给公职人员一天的中秋假期。这些记载说明宋代中秋已经成为一个大节。因此中秋最初形成的时间还要往前追溯。根据我们的研究，唐代是中秋的初步形成期。

唐代中秋的出现

月亮崇拜、月亮神话与中秋祭祀的习俗在周代以前就产生了，仅凭这些因素并没有正式形成中秋节。在汉代，月亮崇拜基本为皇家垄断，从此以后直到唐朝，极少见到普通民众拜月的记载，也没有见到关于中秋的记载。到了唐朝，记载农历八月十五或其前后赏月的诗歌骤然出现很多。

《全唐诗》中，八月十五赏月诗共一百一十一首，出自六十五位诗人之手。[1] 它们在题目中标出"八月十五"或"中秋"所作，或在正文诗句中写出这一时间。如李峤《中秋月二

1　刘德增《中秋节源自新罗考》，载《文史哲》2003年第6期。

〔清〕袁耀《汉宫秋月图》

首》、王建《十五夜望月寄杜郎中》、杜甫《八月十五夜月》、韩愈《八月十五夜赠张功曹》、刘禹锡《八月十五日夜观月》、张祜《中秋月》、许浑《鹤林寺中秋夜玩月》、曹松《中秋对月》等。从诗题看，当时"中秋"一词已被人们普遍使用。唐朝以前，该词就已有人使用了。《周礼·春官》中有："中秋夜迎寒，亦如之。"[1] 其中"中秋"指秋季的中间一个月，即农历八月，这与后来的"中秋"特指八月十五还有差异。唐诗中的"中秋"则特指农历八月十五。唐朝诗人欧阳詹（755—800）还专门解释了"中秋"这个词的含义。他在《长安玩月诗序》中说："秋之于时，后夏先冬。八月于秋，季始孟终。十五于夜，又月之中。稽于天道，则寒暑均；取于月数，则蟾魄圆，故曰中秋。"王建（765—830）《十五夜望月寄杜郎中》中说：

中庭地白树栖鸦，冷露无声湿桂花。

今夜月明人尽望，不知秋思落谁家？

"今夜月明人尽望"一句，意思是今夜月色很好，人人都在望月，点出八月十五日赏月是人人所做之事。白居易咏中秋诗尤多，诗题中标出"八月十五"或"中秋"字样的就有七首，

1　《十三经注疏·周礼注疏》上册，中华书局1980年版，第801页。

如《华阳观中八月十五日夜招友玩月》：

> 人道秋中明月好，欲邀同赏意如何？
> 华阳洞里秋坛上，今夜清光此处多。

写的是中秋月夜与友人聚会赏月之事。晚唐诗人殷文圭作《八月十五夜》，写中秋之夜独身在外的乡愁，开头两句为"万里无云境九州，最团圆夜是中秋"。其中"最团圆"即指月圆人团圆，是此时已有亲人团聚赏月习俗的一处例证。从一些诗句的描述，可以断定八月十五赏月从初唐开始已是在文人士大夫阶层广泛流行的习俗。

除了诗歌以外，还有其他形式的关于唐代中秋习俗的记载。五代王仁裕的笔记小说《开元天宝遗事》中记载："玄宗八月十五日夜，与贵妃临太液池，凭栏望月，不尽，帝意不快，遂敕令左右：'于池西岸别筑百尺高台，与吾妃子来年望月。'后经禄山之兵，不复置焉，惟有基址而已。"从上下文看，这是发生在天宝十四年（755）的事。笔记小说不是信史，上述故事有可能是民间传说。但即使是民间传说，至少也说明在五代之前有了中秋赏月之俗，如此民众才能编出唐玄宗于八月十五的夜晚与杨贵妃一同赏月又要建望月台的故事。晚唐卢肇的《唐逸史》也记载唐玄宗喜爱中秋玩月的事："开元中，中秋夜侍

〔明〕周臣《明皇游月宫图》

明皇于宫中玩月。"

　　唐代还盛传唐玄宗游月宫、遇仙女、传仙乐的故事，可称为中秋节的三大传说之一（另外两个传说是嫦娥奔月和元代借月饼起义）。唐代蒋防的《幻戏志》、笔记小说《龙城录》（托名柳宗元）都生动地记载了传说中唐玄宗游月宫的过程，而且强调游月宫是特定时间——"八月望日"才能做的事。《开元天宝遗事》卷二"撤去灯烛"条还记载了宰相苏颋八月十五在皇宫值夜班时置酒赏月故事："苏颋与李乂对掌文诰，玄宗顾念之深也。八月十五日夜，（苏）于禁中直宿。诸学士玩月，备文字之酒宴。时长天无云，月色如昼，苏曰：'清光可爱，何用灯烛！'遂使撤去。"值班时也要置备酒宴赏月，更能彰显中秋玩月习俗。中唐时期的笔记小说《诸山记》、陆羽（约

733—约 804）所作《武夷山记》都记载了乡民们在八月十五这天在武夷山上祭祀神灵、会聚宴饮的习俗。

　　唐代张读编写的《宣室志》记载了一个有趣的故事：话说唐朝太和（大和）年间，有位周生，住在洞庭山，常在吴楚一带施展道术，很有名气。有次他途经广陵（扬州），住在一个佛寺中，有三四个客人来访。当时正是中秋之夜，天上月亮澄澈晶莹，几人一边赏月一边吟诗。有人说到开元年间唐明皇游月宫的故事，大家感叹说："我等俗人，这辈子是没法子到月宫逛一遭了，怎么办呢？"周生说："我跟老师学到了真本事，也能登上月亮，而且还能把月亮揣到怀里带下来，你们信吗？"旁边的人有的说他吹牛，有的信以为真，嚷着要见识他的奇才。周生让别人空出一间屋子，把四面墙都封得严严实实，不留一点缝隙。又让人拿来几百只筷子，令书童用绳子把筷子捆成梯子，告诉客人说："我将蹬着这梯子取月亮去，一会儿听到我喊就来看。"说完就把自己关在这间屋子里。几位客人在院子里等候。忽然天地漆黑，仰头看，天上又无一丝云彩。很快又听到周生喊："我回来了。"大家打开屋门。周生说："月亮在我衣服里了，请看。"他从衣服里拿出一寸大小的月亮。忽然一室通明，寒逼肌骨。周生得意地说："叫你们不信我，现在信了吧？"客人们拜服了，请他收起月光。于是他又关起屋门，一个人在里边。此时屋外还是很黑暗的，过了一顿饭的工夫才明

〔宋〕佚名《赏月空山图》

亮如初。这个故事可以清楚地表明唐朝赏月风俗的存在。

从上述诗歌和其他文字记载，我们可以看到，唐人赏月的爱好使得中秋赏月风行，渐渐演变为一种风俗，即人们都在八月十五夜晚大张旗鼓地赏月，这样，中秋节在唐朝就初步形成了。从现有资料来看，唐朝初年主要是社会的中上层人物如官员、文人等及其家庭开始风行在八月十五日月夜，家人或朋友聚集在一起赏月、赋诗、饮酒、聊天等，一般贫苦人家没有赏月、赋诗的雅兴；但到了中唐时期，中上层人物赏月聚会的风尚影响、流传到下层社会，开始在寻常百姓家庭、寺庙之类公众场所形成聚会、宴饮等习俗。由此到晚唐，中秋节已成为全社会的节日。

我们还可以看到，唐朝的中秋节俗和后来的节俗有比较大的差异，那就是唐朝中秋以赏月为中心。这晚一般是亲友聚集在一起，一边赏月，一边宴饮聊天，文人则对月赋诗。也有人独自赏月，独赏明月留下的记载多为思乡思友之作。一般是个人离开亲人，出差在外，面对圆月，想到家中亲人也在欣赏明月，为月圆人不圆而伤感，并将这种憾恨写在诗歌中。

宋代中秋开始兴盛

宋代的中秋已经过得很热闹，其主要活动是对唐代赏月宴饮习俗的延续。《东京梦华录》卷八"中秋"条记载：中秋节之前，各酒店都卖新酒，重新装饰门面、打扮彩楼，用竹竿挑出画着醉仙的旗子。街市上人人争相饮酒，到午时未时之间，各家酒店的酒就都卖光了，纷纷扯下招幌。中秋时节虾蟹正肥，石榴、梨、枣、栗子、葡萄、橘子等果品正是新上市的时候。中秋之夜，富贵人家把亭台楼榭装点得很漂亮，普通百姓也到酒楼占好位置以赏月。街市上到处是丝竹之声，直到夜深时分，在家未出的人们听着远处传来的音乐声，像从云外飘来。孩子们在街头通宵嬉戏。夜市人声鼎沸，直到天亮。看这段描写，

〔清〕任颐《菠萝菊蟹页》

可知北宋时期中秋节之隆重：中秋之前就开始准备，中秋这天中午痛饮美酒，晚上通宵赏月、游玩。无论贫富、长幼，简直是全民狂欢。

作为世俗的隆重节日，宋代中秋跟唐代主要有两点不同：一是唐代主要是夜晚宴饮赏月，宋代则是全天都过节，从中午开始就纵情饮酒；二是唐代中秋活动的主角是文人、中上层家庭，唐朝中后期一般百姓开始参与，但并没到踊跃、热衷的程度，而宋代的中秋已经成为一个大的节日了。南宋吴自牧《梦粱录》载："至如铺席之家，亦登小小月台，安排家宴，团圞子女，以酬佳节。"说明此时有了重视家人团圆的趋向。

宋代也有很多吟咏中秋月色的诗词。特别是在宋词中，写中秋的词艺术成就很高。《全宋词》中收有中秋词二百一十首，内容大多描写月色、思乡、思亲，其中常提到嫦娥、玉兔、蟾蜍、桂树、月宫、琼楼等；格调"清奇高旷，感悟人生、探索宇宙是其总的趋向"。[1]

苏轼有中秋词三首，都是名作，其中《水调歌头》最脍炙人口。苏轼在序中说："丙辰中秋，欢饮达旦，大醉，作此篇，兼怀子由。"可见苏轼是在中秋痛饮美酒之后，对月而作。词的下阕将人的悲欢离合与月的阴晴圆缺相比拟，最后祝愿身处异地的亲人平安，终能团聚，这与自唐以来由月圆联系人间团圆的主题是一脉相承的，也在思想上与中秋的团圆习俗相通。

元代对中秋节俗的延续

元代民众在岁时节日等习俗方面保持原有面貌，而且自皇帝以下的蒙古族统治者也逐渐接受了汉族的传统习俗。

元代延续了宋代中秋的习俗。民间过中秋以赏月宴饮为主，这种情形在散曲里有生动的表现。散曲《中吕·迎仙客·十二月》按月咏唱一年风物与个人情怀，其中"八月"唱道：

1　黄杰《宋词与民俗》，商务印书馆2005年版，第54—56页。

风露清，月华明，明月万家欢笑声。

洗金觥，拂玉筝。月也多情，唤起南楼兴。

另一首散曲《商调·梧叶儿·十二月》唱道：

中秋夜，饮玉卮，满酌不须辞。

沉醉后，仰望时，月明儿，便似个青铜镜儿。

这两首散曲都吟唱了中秋之夜家家赏月饮酒的情形。

元代张养浩的散曲《双调·折桂令·中秋》描写月色："一轮飞镜谁磨？照彻乾坤，印透山河，玉露泠泠，洗秋空银汉无波，比常夜清光更多，尽无碍桂影婆娑。"在这样月光皎洁的良夜，诗人不禁对月高歌，把酒而醉。朱庭玉的散曲《仙吕·点绛唇·中秋月》也写月夜景致与情绪，其中有："人多在，管弦声里，诗酒乡中。""我今欲从嫦娥归去，盼青鸾飞上广寒宫。"渲染了中秋浓厚的节日氛围。

这些元代散曲中所透露的中秋习俗及其抒情格调与宋代是很接近的。

元代中秋时，人们也讲究品尝各种时令瓜果。元顺帝时熊梦祥编纂的《析津志》是一部记述大都（北京）风俗的志书，其中记载，中秋节时大都上市的果品有瓜果、香水梨、银丝枣、大小枣、栗、御黄子、频婆（苹果）、奈子、红果子、松子、榛子等。

元代皇宫内也隆重地过中秋节。蒙古族皇室每年四月份就离开大都到上都[1]避暑，过了中秋节才返回大都。在上都过中秋节，元代皇室内要举行洒马奶酒的祭典，皇族、百官在宫廷内举行大型聚会，尽情宴饮。据《析津志》记载，元顺帝时，皇帝每到中秋节都要到上都北城墙上的穆清阁举行宴会，观景赏乐。这是上都城内最高的建筑物，在此临风把酒，身边月色如水，轻歌曼舞，环珮叮当，如在九霄之上，故此时此景被誉为"天下第一胜景"。皇宫内还举行斗鹌鹑等活动，有元宫词为证："金风苑树日光晨，内侍鹰坊出入频。遇着中秋时节近，剪绒花勋斗鹌鹑。"留守大都的朝廷官员也举行宴饮等节庆活动，并"巡山""巡仓"，准备物品，为皇室南返做准备。

饶有兴味的是，在元代，中秋习俗不仅被写入诗词，还被写入戏剧里，成为爱情故事的背景或情节要素。

吴昌龄的杂剧《张天师断风花雪月》写的是书生陈世英与桂花仙子在中秋之夜偶遇相恋的故事。在剧中，桂花仙子是来自月宫的仙女，是根据民间传说中的桂花女神创作出来

1　上都是蒙古族统治者入主中原前的都城，故址在今内蒙古正蓝旗东闪电河北岸。元代时，它与大都并称为两都。

佚名《月下嫦娥图》

的形象。桂花本是中秋节的节令物品。传说月宫之上的那团
像是树的黑影就是桂树，民间有吴刚伐桂的传说，也有对桂
花仙子的崇奉。可知这个故事就是在中秋节俗和传说的基础
上改编来的。

　　该剧分为四折。第一折开场说到，中秋这天，洛阳陈太守
的侄子陈世英要进京赶考，路过洛阳，来到陈家。晚上，按照
中秋节俗，陈太守与侄子在后花园饮酒玩月。席散之后，陈世

英独自面对大好月色，不禁生出寂寞伤感：

> 你看金风淅淅，玉露泠泠，银河耿耿，皓月澄澄，
> 是好一派蟾光。着小生对此佳景，怎好便去就寝？

于是对月赋诗：

> 碧汉无云夜欲沉，天香桂子色阴阴。
> 素娥应悔偷灵药，独守瑶台一片心。

吟罢小诗，落寞之情仍难排遣，于是来到书房，燃起一炷香，饮酒弹琴。不想这琴声飞入天宫，正好解救了桂花仙子：当此八月十五良夜，正有两个男神对桂花仙子骚扰不休，张世英的瑶琴声感动了娄宿大仙，帮助桂花仙子排除了困扰。桂花仙子因此感念陈世英之恩，要下凡来报答陈世英。她在封姨（风神）和桃花仙子的陪伴下，来到陈太守家。桂花仙子到书房与陈世英相会，二人饮酒叙谈，情投意合，相处甚欢。天亮时分，桂花仙子告辞，约定明年八月十五再来相会。陈世英表示将放弃功名，在这里等待来年中秋之夜再次欢会。第二折开场交代，陈世英自打那晚与桂花仙子在书房中共饮了几杯酒之后，一直卧病不起。到了第二年中秋之夜，陈世

英挣扎着来到后花园，以赴那往年之约。但是桂花仙子没有出现。陈家为陈世英请来大夫，并不能医治他的相思病。第三折写张天师来到陈家，为陈世英驱妖治病。张天师做法场、念咒语，先后用法术拘来荷花仙、菊花仙、梅花仙、桃花仙、封姨、雪神盘问，最后勾来桂花仙子。张天师将这风花雪诸神发送到西池长眉仙那里审问定罪。第四折写长眉仙在谴责众仙妄动凡心，导致陈生得病、罪犯天条之后，将众仙从宽发落，让她们各归其位，判桂花仙子仍回月宫伴玉兔将功折罪，也医好了陈生的病。

这出戏可以看作是关于中秋节的故事。主人公的爱情故事不仅是发生于中秋节赏月之时，而且他的意中人的形象竟也来自中秋节俗：桂花仙子。其实整个故事框架可以概括成一句话：中秋之夜一个书生的风花雪月的故事。其中出现的封姨、花仙、雪神，再加上月色，正好组成"风花雪月"。

还有一些杂剧如李好古的《张生煮海》、无名氏的《云窗梦》也是以中秋节为背景的爱情故事。[1]

1　罗斯宁《元杂剧的爱情剧和元代的节日择偶习俗》，载《东南大学学报》2006年第1期，第89页。

明清以后中秋的拜月、团圆

到了明朝，中秋节俗虽然还是围绕月亮来进行，但是整个节俗的内容有显著的变化。

首先，中秋不再以赏月为核心。这时，唐宋时期那种浪漫抒情的赏月传统忽然淡化了，虽然许多风景特别好的地方还有比较热闹的赏月活动，但是在一般的地方，民众踊跃赏月的情景不见了，各家的中秋活动不一定要包括赏月。唐宋时期有一些民间拜月的记录，但是民间拜月并不兴盛，也没有明显地被结合到中秋节俗中来。到了明代，才明确出现了中秋拜月的较多记载，而且明清时期拜月基本取代赏月成为中秋节俗的重要内容。月亮神话和传说一直在民间流传，唐代中秋的产生使月亮神话有了一个具体的依附点，为月亮神话提供了更广阔的存活空间。

其次，明清时期亲人团圆成为中秋节俗的明确主题之一。明代田汝成《西湖游览志》曰："八月十五日谓中秋，民间以月饼相送，取团圆之意。"并且此时有了"团圆节"之名。《帝京景物略》中说："女归宁，是日必返其夫家，曰团圆节也。"意思是中秋节前回娘家的已婚妇女，中秋节这天必须返回公婆家，因为这是团圆节。民间认为女子出嫁后就是公婆家的人，中秋节不回来就是这家没有团圆。

〔清〕佚名《十二月令图轴·八月（局部）》

　　第三，重视亲友之间的人情往来。亲友之间要互送月饼、瓜果等过节的礼品。

　　第四，明代出现了月饼这种重要的节令食品。中秋月饼最初作为祭祀月神的供品出现在节俗之中，祭祀仪式完成后再被人们吃掉，月饼也就成为人们过节时的食品。其实《武林旧事》和《梦粱录》在讲到食品种类时都列出了"月饼"，但是二书

壹　中秋的历史与内涵

都明确表明宋代的"月饼"只是街市上平时所卖的食品，各个季节都有，不管什么时候都能买到；而在"中秋"条目下都没提到月饼。就是说，那时它只是一种平时吃的月形的点心而已，并非中秋节令食品，不能据此说宋朝出现了中秋月饼。晚清祭月之风衰退之后，月饼在节俗之中的地位反而提高了。

总体来看，明清之后中秋节俗的功利性内容显著增强了，贵人伦、重亲情的主题逐渐突出，而唐宋时期那种赏月的浪漫抒情氛围、痛饮美酒的狂欢精神衰退了。[1]

中秋的庆祝活动

作为中国第二大节日，中秋节俗丰富多彩，可分为如下几类：亲友团聚、赏月、吃月饼、互送礼品、拜月、庆丰收、游戏娱乐、祈子、预测气象等。

亲友团聚

自唐代中秋节产生的时代起，人们就将月圆与人间团圆联系起来。随着时代的变迁，团圆的主题越来越突出、重要。因

1 黄涛《中秋节》，中国社会出版社2006年版，第42—64页。

此，中秋节又被称为"团圆节"。民间极重视中秋节家庭内部的团聚之礼，从中体会亲人欢聚一堂的天伦之乐和生活美满的幸福感。如果这天有儿女在外，不能回家团圆，家长和儿女双方都会觉得特别遗憾。

除了家人团聚，朋友间也有聚会赏月、交流诗文等习俗。

赏月

赏月在唐宋时期是主要的习俗。唐代的八月十五是一个赏月节，常聚集亲友同赏，并由月圆联系到人的团圆。唐代诗人殷文圭《八月十五夜》中说："万里无云镜九州，最团圆夜是中秋。"在字面上将八月十五与"团圆"联系起来了。许多唐诗写到一人在外乡，恨不能与亲友团圆，也是存在这种联系的证明。亲人的团聚习惯自然地派生于赏月的风俗。这为后世中秋节转为团圆节打下了基础。初唐时期主要是社会中上层人士的八月十五赏月活动形成习俗，中晚唐以后下层民众也群起效仿。各家登高赏月，欢聚痛饮，直到深夜，许多人家天明乃散。不论贫富老幼，皆参与其中。明清以后此俗衰退。

赏月是一种很优雅的、富于诗意的活动，亲身参与其中，自会获得精神的放松、愉悦和诗意的滋润，亲友之间也会在这种活动中加深感情、增进关系。

〔元〕王渊《写生图》

从古代文献来看，中秋节刚形成的时候，赏月就是文人和市民的事情，农民赏月的活动没见记载。在大多数地方，现代普通市民在中秋之夜已没有浓厚的赏月情趣了。但我国仍有许多地方至今还保留着中秋之夜赏月、"走月""跳月""唱月"等习俗。如杭州有在中秋节前后到西湖赏月色的习俗。西湖十景中有三个是月景："平湖秋月""三潭印月""月岩望月"，可见西湖赏月风俗之盛。苏州有中秋欣赏"石湖串月"之俗。桂林"象山水月"也是中秋赏月胜地之一。中国台湾则流行在月夜下烤肉联欢。

吃月饼

从历史上看，吃月饼并不是中秋节不可缺少的活动，唐宋时期并没有专门为中秋而制作的月饼。但自明朝出现中秋月饼之后，它就成为中秋习俗的必要组成部分。在明代，它首先作为祭品出现，表达的是人对月神的敬意。这也是一种文化消费，当然它是由科学不发达时代的文化需求造成的。它能作为祭品，是因为十五的月亮是圆的，它就被造成了圆形的。人们把它放在供桌上，它就成了月亮的象征。祭祀完月神之后，人们把它吃掉，这个时候月饼就成为一种食品、美味。在这个阶段，月饼的主要价值在于它能作为献给月神的礼物——在古代，祭祀是一件非常重要的事情，越古老的年代里越重要，以至于在周代以前的很长一段时间里，祭祀都是社会生活中最重大的事情。很快，月饼就成为一种不依赖于祭祀的节令食品，成为在亲友团聚的饭桌上的一种食物。一盘月饼，在场的每人拿一块吃，或者把一块月饼切成若干份，每人拿一份吃，表示大家是一个关系亲密的团体。大家在八月十五的时候团圆了，亲情或友情得到了一次确认和加强，从而得到感情的慰藉。这时月饼的象征意义是团圆。每年八月十五，人们都要买月饼、送月饼、吃月饼，这是一种习惯、一种生活方式。

互送礼品

从明代开始就有了中秋节互送月饼、瓜果的风俗。现在，这种习俗更加盛行。从根本上讲，互送礼品是一种美俗，它体现的是人与人之间的互相关心、互相尊重、敬老爱幼等美好心意和优良品德，也是密切人际关系、表达内心情感的重要方式。当然，如果不是出于亲情、友情、关爱之情，而是主要出于功利目的甚至借机变相贿赂，则是一种不好的甚至是丑陋的行为。中秋礼品主要是月饼。近年来，由于月饼的生产者没有很好地研发出足够的新产品以适应消费者口味与健康观念的变化，馈赠之礼品成为月饼的主要用途。

拜月

拜月在上古时最盛，那主要是在人对大自然无能为力又缺乏科学知识的情况下，对月亮产生的自然崇拜和神化行为。周代以后拜月的权利为皇家垄断，在很长一段历史时期，民间拜月之风隐退。唐代赏月之风盛行，但是没见到中秋拜月的记载。这时也有拜月的少量活动，但不一定发生在中秋。宋代中秋赏月习俗中有时会加进拜月的事项，这时还是男女都可拜月，都可求月神赐福给自己，少男求功名、事业发达，少女则求貌似嫦娥、颜如皓月。

后世拜月变成女人的专利了，所谓"男不拜月，女不祭灶"。在许多地方，拜月就是对月神的礼敬，或者是向月神做些一般性的祷告，也有些地方风行拜月时进行祈子、占卜等专门的活动。

现代社会，拜月习俗基本消失，只在个别地方的少数人那里还有遗存。

庆丰收

八月中旬正是丰收的季节，新粮进仓，瓜果上市，先民用这些新粮、新果作供品敬神是很自然的事，也在同时感谢神灵

〔明〕仇英《宫女游园图》

的恩赐，祈祷来年好收成。神灵崇拜习俗衰弱以致消失之后，在许多乡村，还有一些习俗含有庆丰收的意味，比如中秋节的夜晚一定要准备丰盛的饭菜，一定要吃得很饱，要准备很多新鲜的瓜果让家里人吃个够，就含有丰收后纵情欢庆的意思。山东庆云县农村过去中秋节要祭土谷，叫作"青苗社"；青城县农村还有辞先稼的习俗。[1] 中国台湾的农民也在中秋节祭拜土地公，并在田间插"土地公拐杖"，这种拐杖就是在竹子里夹上"土地公金"即给土地公的纸钱。

1　山曼等《山东民俗》，山东友谊书社1988年版，第48页。

游戏娱乐

综合各地的中秋节俗，游戏娱乐的活动是很丰富的，可谓五花八门：走月亮、逛夜市、游园会、放烟花、燃宝塔灯、放孔明灯、看灯会、猜灯谜、荡秋千、舞龙、会饼、玩兔儿爷、歌会（唱月亮）、看花展、文艺演出，等等。

这些娱乐活动使得中秋节很热闹，很有声势。与在各自家庭里的团聚、吃月饼不同，它们大都是在公共场所进行的活动，这也是大型节日的必要组成部分。

祈子

古代有多子多福的传统观念，这种愿望会在许多民俗活动中表现出来，其中向神灵祈求子孙的习俗很发达。在古人观念中月亮属阴、主母性，最早的月精蟾蜍就是一种大肚子、生殖力极旺盛的动物，后来的月神也都是女神，所以民间一向有把月神当作生育神崇拜的习俗，向月神祈求早生贵子。不少地方有"摸秋"的习俗，到别人的地里偷瓜，送给没生育的妇女。民间看惯了瓜秧开花结瓜的现象，而且瓜里有很多籽儿，许多地方都把女人怀孕生子与结瓜联系起来。有些地方的妇女们夜间结伴出游，到寺院、桥头等地方祈求子嗣。一些少数民族举行"跳月""唱月"的活动，青年男女在月下唱歌跳舞，结识朋友、交流感情，为恋爱、婚嫁做准备。

预测天气

许多地方都流传着一些谚语，根据中秋节的天气情况来预测第二年元宵节的天气，或预测来年的收成。如嘉定的谚语："云掩中秋月，雨打上元灯。"奉贤有："八月十五雨淋淋，正月十五雪打灯。"宝山有谚语："中秋月朗来年熟。"中秋

〔南宋〕李嵩《焚香祝圣图》

节的月色很明朗的话，来年就会有好收成。[1]河南西华的谚语为："八月十五云遮月，来岁元宵雪打灯。""雪打上元灯，云罩中秋月。"这些谚语的意思是，如果中秋节的晚上云彩遮了月亮，来年的元宵节就会有雨雪，影响元宵节的灯会。这种对天气的预测，尽管在全国不少地方都有流传，但看不出其中

1　顾承甫《沪上岁时风俗》，华东师范大学出版社1989年版，第133页。

的科学依据，应该只是一种俗信而已。

在以上项目中，亲友团聚、吃月饼、互送礼品是最兴盛的活动，庆丰收、游戏娱乐活动也是各地中秋节习俗中普遍存在的习俗。中秋赏月活动在一些地方仍然风行。拜月、祈子、预测天气是传统社会流行的习俗，它们在现代社会虽然有所遗留，但是已很衰弱，在整体的中秋习俗活动中居于不引人注意的位置。

各地还有一些富于地方特色的中秋习俗，如北京的玩兔儿爷，开封的"铁塔燃灯"，安徽、中国香港等地的舞火龙，苏杭的"燃斗香"，浙江一带的钱塘观潮，闽南的"玩会饼博状元"，广东的游月娘、烧瓦塔，中国台湾的吃柚子、剥柚子比赛等。

中秋节的文化内涵

随着节俗活动的演变，中秋节的文化内涵在历史上也经历了一个变迁的过程，唐宋时期主要是对于中秋明月这种自然美景的欣赏，明清以后转为家庭团圆、庆贺丰收和对月神的崇拜、祭祀。

在现代社会，其文化内涵主要有如下几种：

1. 通过团聚、联欢、赠送礼品等活动，加深亲人、朋友等的感情联系。

2. 通过赏月、泛舟、观潮等欣赏、亲近自然美景的活动，促进人与自然的和谐关系。

3. 通过尝新粮、吃新果、观看演出等活动，欢庆丰收。

4. 通过电视节目联欢晚会、各族民众共同参与的娱乐联欢活动，营造民族团结、国家安定、社会和谐的喜庆祥和的氛围。

中秋节最突出的主题是团圆，对于个人而言就是亲友团聚，对于国家来说就是民族团结、国家安定、社会和谐。

中秋的故事

小的时候，乡村的夜空高远又深沉，繁星满天，偶尔会有流星划过。有月亮的时候就更好看了。夏天，晚饭后，我就拿着小凳和蒲扇，跟大人们坐在大门外的空地上乘凉。这是一个适宜闲谈和讲故事的场合。我常望着大大的月亮，细细地看，那上面的阴影很像一棵大树，树下的一团影子就看不出像什么。身旁的老人讲那棵树是桂树，树下的影子是嫦娥在纺线；有时也讲到玉兔、吴刚。

　　我想这应该是讲述关于月亮最常见的故事。关于月亮的故事，自然大都是在月光下讲的。唐宋时期的人们十分喜爱赏月，那时的中秋节就是以赏月为中心活动的节日。这两朝吟诵月亮的清词丽句俯拾即是，围绕月亮讲的故事自也不少。在中秋节形成并兴盛的同时，此前传了几百几千年的月亮神话、月亮传说等就跟中秋节联系在一起，并且生出了许多新的故事，如吴刚伐桂、唐玄宗游月宫、杨贵妃赏月、李白捞月等。关于中秋节的若干习俗，人们也编出故事来，这就形成了丰富的中秋节故事群。

　　这些或神奇、或优美、或有趣的故事，按民俗学的观点，可以分作不同的类型：以神仙为主角的，叫作神话；用讲故事的形式来解释某一种习俗的成因或来历的，叫作传说；日常生活中常接触的以人为主角的故事或笑话，是狭义的民间故事。虽然从专业角度说，它们是不同种类的民间文学体裁，但在百姓看来，都是故事。这里，我们就用"故事"来概称三种体裁。

中秋节的故事最著名的有四个：嫦娥奔月、吴刚伐桂、关于月饼来历、唐明皇游月宫。

嫦娥奔月

月宫里出现了嫦娥

根据现代的科学知识，月球上既没有氧气，也没有水分，没有花鸟虫鱼，更不适合人类生存。这本是一个死气沉沉的星球。但是自古以来，人们心目中的月亮都是一个美好的所在，它不是科学意义上的宜居星球，而是人文意义上的居所，是一个寄托了无限幻想的、充满诗情画意的、可望而不可即的仙境。这从人们对它的称呼上也看得出来。如果叫它"月球"，那是客观的天文学术语，而老百姓口头上从来不用这样的术语称呼它，都是从诗性的角度来称呼它。除了最平常的"月亮"之外，它还有"月宫""蟾宫""白兔""娥影""桂影""桂魄""婵娟""冰镜""玉轮""银钩""明弓"等上百个别称，这些名称大都很别致，是人们对月亮的美好想象。

月亮上有一个长袖善舞的美女嫦娥，这是人们关于月亮最著名的想象。老百姓都喜欢讲故事、听故事，如果月亮上面没有人或神仙，就构不成故事。传说神仙住在天上，如玉皇大帝、

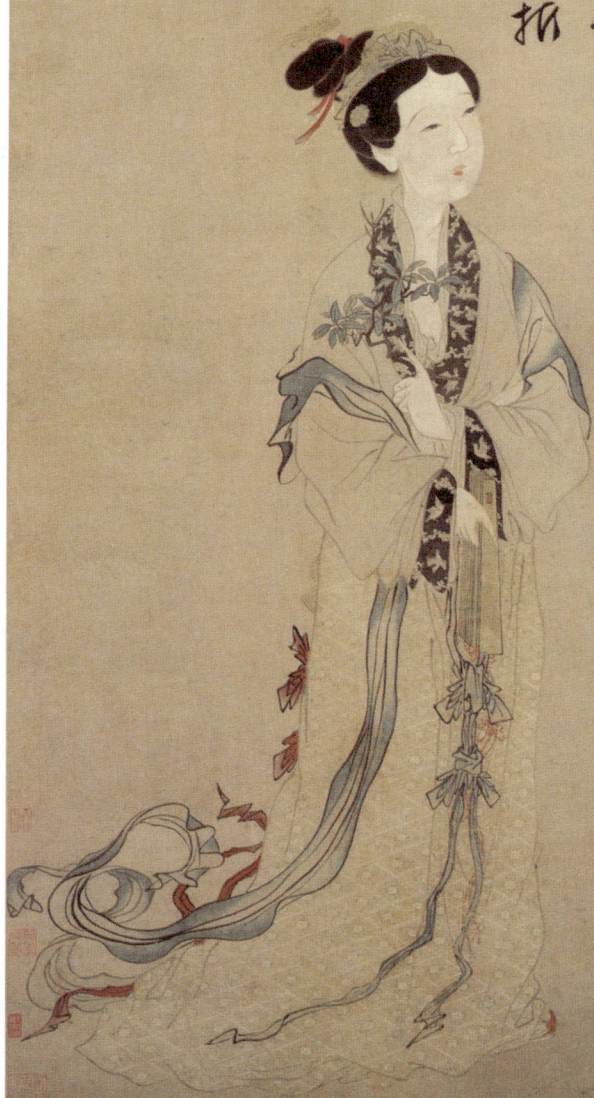

广寒宫阙旧游□□□
街天香挽绣襦自□□
绵球爱才子桂花折□□
与夺高枝唐寅

〔明〕唐寅《嫦娥执桂图》

王母娘娘、风雨雷电各路神仙等，凡人住在地上，凡人的鬼魂住在阴曹地府。实际上这也是近古以来人们的信仰世界。在上古及远古时期，人们还没有这样清晰的三界之分。人们认为万物都有灵，风雨雷电、日月星辰这些自然现象、自然物，在神话里被想象成跟人一样地生活，有跟人一样的喜怒哀乐。在秦之前的远古时期，人们认为那些在天上活动的神仙，也是从地上升去的，他们的老窝在某个山上或低谷里，或湖海里、大树上。比如《山海经》里的神仙，就都是在地上居住的。太阳分明是在天上的，而古代神话就说它是住在地上的。《山海经·大荒南经》讲太阳是住在遥远的羲和之国的一家人，还绘声绘色地讲日母羲和带着十个太阳孩子在甘渊洗澡的故事："东海之外，甘水之间，有羲和之国。有女子名曰羲和，方日浴于甘渊。羲和者，帝俊之妻，生十日。"另外在《山海经·大荒东经》里，讲十个太阳都住在汤谷的扶桑树上，一个住在最上头的枝叶间，九个住在下面。他们轮流值日巡行在天空，都由乌鸦载着。这些故事既有神奇的幻想，又有合乎情理的细节。那个时候人类还没有像今天这样把神灵看得遥不可及，只可敬畏不可亲近。

在上古神话中，月亮跟太阳的情形很接近，也生活在一个大家庭里。《山海经·大荒西经》中记述了月母常羲给十二个月亮洗澡的情形："有女子方浴月。帝俊妻常羲，生月十有二，此始浴之。"按这个记载,月亮有十二兄弟。他们的母亲也是帝俊的妻子。如果较真儿起来,在《山海经》里,太阳和月亮还是同父异母的兄弟呢。

据考证,嫦娥就是从《山海经》里的常羲演变来的。只不过常羲在《山海经》里是月亮母亲,故事讲到后来,嫦娥就只是月亮上的一个女子了。

如果说嫦娥一个人在月亮上,听起来有些奇怪:嫦娥怎么会一个人在那里?她是从哪里来的?她的婚事怎么办?人们觉得好奇,讲故事的人也就需要给一个圆满的解释,于是就有了嫦娥奔月的故事。这个故事在先秦以前就有了。最早的文字记录出现于战国时期的《归藏》:"昔嫦娥以西王母不死之药服之,遂奔月为月精。"这个记载比较简略,没有出现嫦娥的丈夫后羿,也没说怎么吃了不死之药的。这样讲故事,讲的人、听的人都会觉得不过瘾。特别是在故事里,嫦娥只是孤身一人,没有提到其婚姻,这在老百姓看来是不完满的人生经历。传统风俗里不允许一个女子终生没有婆家、归宿,死后祖坟里是不允许未嫁女子埋葬的,早夭而未嫁的女子也要以冥婚的方式把她嫁出去。因而按俗世观点说,嫦娥的姻缘也不能没有着落,这给嫦娥故事的情节发展留下了生长空间。唐代典籍《初学记》引西汉时期的《淮南子·览冥训》,记载了更完善的情节:"羿请不死之药于西王母,羿妻姮娥窃奔月,托身于月,是为蟾蜍,而为月精。"姮娥就是嫦娥。那个曾射落九个太阳、解救人类于危难之际的后羿向西王母讨来不死之药，嫦娥偷服了药，就轻飘飘地飞升到月宫，变成蟾蜍，就是月精。这就是古书中记载的嫦娥奔月神话。

这个故事代代相传，到今天还是这样讲，只不过现在的人们讲起来有了更丰富的细节。这里我们举出一个版本为例：

后羿是人人敬仰的射下九个太阳的英雄。他娶了一个漂亮又贤惠的媳妇，叫嫦娥。有一天，后羿出去打猎，路上碰到一个老道士。老道士知道他是射太阳的英雄，送给他一包长生不死药，说吃了这药，能成仙上天。可是后羿舍不得老婆，不愿意一个人上天，就把药交给嫦娥保管。嫦娥把它放在床头柜里的百宝匣里了。

那时候后羿射箭好出了名，有不少人来跟他拜师学艺。徒弟里面有个叫蓬蒙的，是个小人，他想偷吃后羿的长生不死药，自己成仙。

这一年八月十五，后羿又带着徒弟们出门打猎去了。傍晚的时候，蓬蒙自己溜回来，拿着刀逼嫦娥交出药来。嫦娥没办法，就拿出药，一下子放到自己嘴里吃下去了。马上她的身子就轻飘飘的，从窗户里飞出去了，直接飞到天上去了。到天上，在哪里落下呢，她看着月亮离地面最近，就在月亮上住下了。

再说后羿回到家，见不着嫦娥，听别人说她上天了。他看见天上月亮这天特别的大特别的亮，看见一个女的影子在上面，他认得，那就是嫦娥。后羿就追月亮，可是怎么也追不上，他上前三步，月亮就退三步。他停下呢，月亮也不走了。后羿就回来了。想起嫦娥晚上还没吃饭就上天了，就在院子里放一张桌子，摆上嫦娥平时爱吃的甜饼、水果，朝月亮上叫着嫦娥，让她下来吃饭。后来每到八月十五，后羿就摆上桌子上供。老乡们知道嫦娥成了仙，上了月亮，也很怀念她，也在这一天给她上供。

这个故事把月亮上边有什么，嫦娥是怎么上天的，为什么要吃月饼，都讲到了，而且讲得入情入理。在这个故事里，嫦娥不是像古代说得那样因为要成仙才偷吃仙药，而是要保护丈夫的仙药，不让坏人得逞，才吃的药，使嫦娥成为一个贤惠美丽的媳妇形象，这符合百姓的道德观念。

嫦娥是月亮的化身

嫦娥的故事传了几千个年头，故事经过了很多的变化，讲述者的观念也差得很远。前文我们提了一个问题："如果说嫦娥一个人在月亮里，听起来有些奇怪：嫦娥怎么会一个人在那里？她是从哪里来的？"其实这是后世的人们才会提出的问题，远古的人不会这样问，因为在他们的神话故事里，月亮本身就是有血有肉的人，或者就是嫦娥。《山海经》里讲到的常羲给十二个月亮洗澡的故事就是这样的。后来人们这种原始的自然崇拜观念消失了，神话时代也就过去了，就把这种月亮神话讲成了适合后来人们观念的月亮传说，原来以月亮本身为主角的故事就变成了在月亮上活动的神仙的故事。追根溯源，今天所讲的月中嫦娥就是远古时期的月亮本身的人格化形象。

说嫦娥是月亮的化身，也意味着在人们看来，月亮是阴性、女性的。可以说这是传承至今的汉文化的普遍观念，是毋庸置疑的。但是我们看《山海经》的记载，上古时期神话里的太阳和月亮并没有明显的阴阳之分，太阳母亲和月亮母亲分别养了十个和十二个孩子，没有提到他们是男孩还是女孩。根据阅读这些文字的语感，他们像是男性的。后来人们对世界上的事物有了清晰的阴阳二分法，因为太阳是明亮的、灼热的、强烈的、白天出来的，月亮是柔和的、阴冷的、淡淡的，只在夜晚出现，

〔明〕唐寅《嫦娥奔月图》

月中玉兔擣靈丹，花畔栽培第一枝。遮莫此凡胎變仙骨，天風桂子落青鸞。

吳郡唐寅畫并題

那么自然地就把太阳划成阳，把月亮当作阴。

殷代卜辞中有祭祀"东母""西母"的言辞。太阳在东方出来，新月则在西方现身；"东母"就是日母羲和，"西母"就是月母常羲。祭东母、西母其实就是祭日月，这样东母、西母分别成为日月的代表，而不是太阳母亲和月亮母亲了。就是说，到了殷代，常羲即嫦娥虽然在神话中还可能被说成是生了十二个月亮的月母，但是在祭祀仪式中已经被当作月亮本身即"西母"了。这时，太阳和月亮还都是女性的。

后来有了阴阳观念，人们以太阳为阳，以月亮为阴，太阳神的性别就要改变。到了春秋战国时期，太阳神已经开始被说成男性了。先秦文献《礼记》中说："日出于东，月生于西，阴阳长短，终始相巡，以致天下之和。"这段话说，太阳和月亮一个从东边出来，一个从西边出来，一阳一阴，一大一小，他们都在天上巡行，一个巡行完毕，另一个接上，这样使得天下和谐。《楚辞·九歌》中的"东君"就是男性的太阳神。到了汉代，太阳是"东王公"的说法已经很流行了，月亮则叫作"西王母"。[1]这时，月神为嫦娥的说法已经确立了。

虽然在后世人们讲的嫦娥故事里嫦娥不是月亮本身了，但是人们还有拜月亮的习俗。人们在拜月亮的时候，其实大都以

1　詹鄞鑫《神灵与祭祀——中国传统宗教综论》，江苏古籍出版社1992年版，第30—31页。

为拜的是月中神仙，也就是嫦娥。在后世的人们看来月亮本身是没有意志的，拜月亮本身自然没有意义。而拜月亮的人们持有关于神灵崇拜的民俗信仰，认为月亮上是有神仙的，这个神仙是个女神，就是"月娘"，所以拜月亮在许多地方叫作"拜月娘"。从这个角度说，"拜月娘"就是远古时期神话里月亮崇拜的遗存形式。嫦娥不只是故事里的一个角色，还是人们的祭拜对象，是一位有神通、能给人们带来福佑和化解灾厄的神仙。一句话，嫦娥实际上还是月亮的化身。

对嫦娥的祭拜其实就是对月亮的祭拜。嫦娥神话也就是月亮神话的主体部分。上面所说的实际上主要是汉族的月亮崇拜和月亮神话。中国是一个多民族的国家，在文化上各民族互相影响、互相交融，在根本上享有共同的文化，同时在不同的地方有各民族的鲜明特色。在一些少数民族里，其月亮神话跟汉族神话有比较大的差异。

壮族一则日月神话里讲，日月星是一家人，但是太阳父亲与他的妻子儿女总是到不了一起。因为太阳父亲很残暴，以小星星们为食物，每天早晨都要吃掉许多星星。清晨的红霞就是他吃星星留下的血迹，树叶上的露珠就是月亮妈妈和星星们流下的泪水。所以太阳一露面，月亮妈妈就赶快带着星星们逃走了。虽然每天太阳都吃掉很多星星，但是星星总是吃不完，每天晚上都有许多星星围绕在月亮身边闹腾，这是由于月亮妈妈是个高产的母亲，每个月都有十来天在生孩子，月亮圆的时候就是她已经怀孕了，月亮如钩时就是她已经生完孩子了。这个故事里的情节很残酷，而它解释自然现象又有一种凄美的味道。这些情节所涉及的自然现象今天应该这样解释：光芒万丈的太阳一出来，本身不发光的月亮和离得太远、光芒显得微弱的星星自然就看不到了。但是这么说就没有故事性了。壮族的神话不符合科学，却是一种有艺术性和趣味性的说法。

青海省撒拉族神话"太阳和月亮"也有异曲同工之妙。它也把日月星说成一家人，太阳是一个暴怒无常、残酷无情、傲慢无礼的父亲；月亮和星星则有着慈悲心肠，同情人间疾苦。最后月亮和星星们远离了暴虐的太阳，太阳总在追赶他们，但总是追不上。这则神话里的太阳形象一方面体现出能量巨大的太阳在天神中的中心地位，一方面也表现出人们对暴虐无常的太阳在崇奉的同时又有的一种恐惧、憎恨的态度。

关于太阳和月亮的性别，汉族习惯了将太阳看作阳性，将月亮看作阴性，但在一些少数民族神话里，却对二者的性别有相反的观念。云南潞西德昂族神话说，天空里住着三个兄妹，长子是天狗，次子是月亮，三女是太阳。太阳姑娘还每天做饭、忙家务呢，农忙时也和月亮哥哥一起去种庄稼。[1]云南独龙族神

---

1 杨毓骧《潞西县邦外德昂族文化调查》，见云南省编辑组编《德昂族社会历史调查》，云南民族出版社1987年版，第38页。

话"独龙人创世"说，天空有两个太阳，一个男太阳，一个女太阳，一个猎人射中了男太阳，男太阳瞎了眼而变成月亮。黎族神话说太阳与月亮是亲生姐妹，太阳能干而不美，月亮美而懒，她俩都与大地相爱，最后大地选太阳做了妻子。布朗族神话说太阳是九姊妹，月亮是十兄弟，后来射落了八个太阳、九个月亮，剩下的一对日月做了夫妻，这里跟汉族的观念不同的是，太阳是妻子，月亮是丈夫。壮族神话也有太阳是女性、月亮是男性的故事。

贵州苗族在其创世史诗《苗族古歌》里讲，日月星是四个工匠铸造出来的，一共造了十二个太阳、十二个月亮，打造日月时飞溅的火花变成了满天星星。后来射落了多余的日月，留下一个太阳、一个月亮。毛南族和傈僳族也有类似说法。布朗族和高山族神话中则说月亮是由被射伤的太阳变来的，所以它的光线比较暗淡。水族神话里也说月亮是由太阳变来的。哈萨克族神话说日月是一对恋人，太阳为英俊的小伙子，月亮是个秀丽的姑娘，但是他们总是没有共处的时间，因为他们一个值白班，一个值夜班。[1]

1　乌丙安《中国民间信仰》，上海人民出版社1996年版，第22页。

東苗在貴筑龍里清
平有族無姓衣尚淺藍
色短不及膝以花布束
髮婦人衣花衣無袖唯
兩幅遮前覆後着細
褶短裙親族盻故擇牡
牛以毛旋頸角正者為佳
飼至禾熟牛肥釀酒砍
牛集親朋劇飲以中秋
祭先祖跳月與花苗同

〔清〕佚名《苗族生活图（其一）》

嫦娥与月中蟾蜍

嫦娥是一个美丽的仙女，蟾蜍是形貌丑陋的蛤蟆，在现代人眼里，二者似乎没法扯到一起去。但是在上古的月亮神话中，二者确实是互为变身的关系。

据记载，古人对于月亮的想象最早、最具原始意味的说法之一是月亮里的精灵是一只蟾蜍。《淮南子·精神训》中说："日中有踆乌，而月中有蟾蜍。"意思是太阳里有踆乌即三足乌，是这三只脚的乌鸦每天驮着太阳巡行；月亮里有蟾蜍，同在战国时期的屈原诗歌《天问》中也提到"顾菟在腹"，就是此意。[1] 而此前的战国时期文献《归藏》中说嫦娥是月精，并没提到月中有蟾蜍。这样，我们看到，出现时代相距不远的古代文献里对月精就有了不同的说法。

那么，到底月精是嫦娥还是蟾蜍呢？其实，这件事并不适于用二选一的方式来回答。按照这两种说法的内容来讲，月中有蟾蜍的说法更为古老，月中有嫦娥的说法应该是父权社会以后的事，因为故事里出现了她的丈夫后羿；而且嫦娥为月神的说法一直流传到现在，显然更适合于后世。虽然说"月中有蟾蜍"的《淮南子》是成书于西汉的文献，比说嫦娥奔月的战国

---

1 据闻一多先生考证，顾菟是当时蟾蜍的另一名称。

时期的文献要晚，但是后出的文献记载更古的时代流传下来的口头传说也是常见的。可以这么说：月精为蟾蜍是更早的说法，春秋战国时期出现了嫦娥奔月成为月精的说法，这两种说法同时存在，人们觉得冲突，就又编出故事说蟾蜍本是嫦娥变的。《初学记》引《淮南子·览冥训》则说，嫦娥偷吃了西王母给后羿的长生不死药之后，飞到月球上，化身为蟾蜍，就成了月精。人与动物互变或人与动物同体是神话中常见的情节。有一些著名神话里的角色就是半人半兽或人兽一体的，如伏羲、女娲被想象成人面蛇身，西王母"虎尾豹齿而善啸"，炎帝是人首牛身，祝融是人面兽身，共工是九首蛇身，鲧死后变成龙投入羽渊，禹可化为大熊通山引水，这种情节就是由于在当时人还没有把自己跟自然界的动物区分清楚。所以，从先秦到汉代这段时期或者更长的时期内，月中蟾蜍与嫦娥可以说是互相变身的关系，月精既是蟾蜍，也是嫦娥，后来也说二者共存于月亮上。到汉代以后，月精为蟾蜍的情节逐渐消失了，人们主要传说月中神仙为嫦娥，同时她身边的动物由蟾蜍变成了玉兔。

月中有蟾蜍和嫦娥奔月的神话都是口头传讲的故事。口头故事常有多种版本，不像文字印刷的作品有固定的范本。某一时期关于月亮的故事流传多种版本是很自然的事情。其中有纷繁的头绪，也有一定的规律。上文所说的月精演变过程是归纳出来的较为合于情理的大致脉络。而《山海经》记载的月母给十二个小月亮洗澡的情节则是具有原始思维的神话情节，从内容来看应该是出现时间最早的月亮故事之一。实际上这一故事跟后来的嫦娥神话有更可靠的渊源关系：开始月亮被我们的始祖们说成是一大家子人，后来就传承了一个，就是月母常羲了；常羲就是后来说的嫦娥。[1]这是我们现在的解释。上古时期的人们也不会去这样追溯故事的来龙去脉，在月中蟾蜍和月中嫦娥这两种说法都存在的情况下，就很容易解释为蟾蜍是嫦娥变的，或者二者是互相变身的。

古人为什么将自己崇拜的月亮跟蟾蜍联系在一起呢？今天的人们虽然知道蟾蜍有利于庄稼丰产，但是觉得蛤蟆是丑陋的，俗语"癞蛤蟆想吃天鹅肉"就是例子。但是今人不能代替古人思想。古代确曾有蛤蟆崇拜。科学家推断，青蛙是第一种能从水中爬到陆地上生存的动物，最初是身体庞大的动物，曾经是整个世界的霸主，只不过在人类有了文字记载的历史时，它已经进化到现在的样子了。古埃及和古印度都曾经有过显著的青蛙崇拜。在中国文明史的新石器时代，蛙文化略晚于鱼文化，也是一种重要的文化形态。在出土陶器上蛙纹很多见。青蛙肚子很大，生殖能力极强，所以青蛙崇拜也是一种生殖崇拜。在

---

1 据文字学上的考证，这里"羲"是"义"的繁体字"義"的错写。而古代"义""仪""宜"与"娥"的读音相同，有些情况下是混用的。"常羲"在先秦文献中有时就写作"常仪"或"常宜"。

古人观念中，蟾蜍还是一种长寿神物。据《太平御览》"虫豸部"记载，蟾蜍是寿命达三千岁的动物。在文字上"蛙"的古代写法与"始"字相通。青蛙曾被敬奉为氏族图腾、人的祖先。"蛙"又与女娲的"娲"同音。女娲在神话中是造人的祖先。有人认为女娲是把青蛙加以人格化而构想出来的女神，有一定道理。所以，说月精是蛤蟆在古代是合情合理的事。蛤蟆在古人观念中是一种生殖力很强的母性动物神，跟月亮在中国文化中属阴性是合拍的。在汉代及其以前，月精被说成是蟾蜍。在长沙马王堆一号墓出土的西汉帛画中，月亮上边就画着一只伏在地上的大蛤蟆，而没有画兔子。

蟾蜍崇拜的时代早已远去，月中有蟾蜍的故事汉代以后也逐渐少讲了。但是月中有蟾蜍的神话故事在中国文化里留下了不灭的印迹，其最显著的表现是以蟾称月的文学意象和词语。古代诗文中，蟾蜍经常被作为月亮的美好象征，留下许多优雅的词语：蟾宫、蟾兔、蟾桂、蟾魄、蟾轮、蟾盘、蟾光、蟾彩、冰蟾、金蟾、银蟾、彩蟾、晶蟾、孤蟾、寒蟾、凉蟾、灵蟾、明蟾、清蟾、素蟾、圆蟾、玉蟾、玉蟾蜍、玉蜍等。在这些词汇里，"蟾"字没有一点丑陋的意味。

嫦娥与玉兔

汉代以后的月亮故事里有了玉兔的形象。不过它不是单独出现在月亮上的，而是作为嫦娥身边的动物，也可以说是嫦娥的宠物。在月宫图里，有时玉兔被嫦娥抱在怀里；有时嫦娥居中，玉兔在地上玩耍或在一旁捣药。到了明清之后，玉兔也获得了独当一面的资格，也被当作月神来供奉，有些月光马儿上就画一只站立的玉兔，供在桌子上，受人祭拜；或者大大的兔子被放在突出的位置，后面诸神作为背景。

玉兔是什么时候、怎样出现在月宫中的呢？它跟嫦娥是什么关系？它是嫦娥寂寞中的伴侣、情感的寄托物，还是嫦娥的侍从或者月神位置的竞争者？

玉兔出现在月宫中肯定比蟾蜍晚，可以说它是蟾蜍的继替者。据史料，月中有玉兔的说法应是汉代晚些时候出现的。在临沂、徐州、南阳、陕北等地出土的西汉末年或东汉的墓葬画像石上都有玉兔捣药的图案，不过这些玉兔主要不是出现在月中或嫦娥的身边，而是作为西王母的随从出现。西王母在秦汉时期是备受尊崇的大神，此时她的主要神通是主管长寿和仙药。玉兔出现在她身边就是负责捣药的。

就是说，玉兔捣药的形象在汉代之前就出现了，玉兔没上月亮时是在西王母的身边。在南阳的汉画像石中，有一幅《苍

〔南唐〕周文矩《仕女玉兔图页》

龙星座图》，所画月轮中有蟾蜍和玉兔。这些考古资料证明，在汉代的传说中，月精主要是蟾蜍，玉兔在汉代中晚期刚开始进入月亮，往往跟蟾蜍同时在月中出现，月中有玉兔的说法还不是很流行。

　　到了晋代，关于月中有玉兔捣药的故事已经有较多的记载。晋代傅咸在其诗歌《拟天问》中有这样的句子："月中何有？白兔捣药。"晋代另一位诗人傅玄的《歌十四首》中也说："兔捣药月间安足道？神乌戏云间安足道？"《乐府诗集·相和歌辞》收有傅玄所作《董逃行》，其中有："采取神药若木端，玉兔长跪捣药虾蟆丸。"到了唐代，这种说法更常见了，而且有了以玉兔代指月亮的说法，杜甫的诗中就说："此时瞻白兔，直欲数秋毫。"

一方面，原来的月精蟾蜍变成了蟾兔或玉兔；另一方面，月神人格化了，变成了轻歌曼舞、寂寞沉静的美女嫦娥，她的身边陪伴着一只玉兔。也就是说，由月精蟾蜍转化来的玉兔降格为月神的宠物。不过在汉代月宫里出现玉兔捣药的形象的同时，月宫中有蟾蜍的故事也仍然为人们所提及。至于蟾蜍为什么变成了玉兔，闻一多先生解释说，是由于蟾蜍原来叫顾菟，如屈原《天问》里就有"顾菟在腹"（月神肚子里有一只蟾蜍）的句子，"菟"与"兔"同音，"蜍"也与"兔"音近；这样因为谐音的关系，神话中的蟾蜍就被玉兔取代。其实从形象角度来看，民众用可爱的玉兔来代替丑陋的蟾蜍也在情理之中。[1]

玉兔在月中的经历可以这样概括：汉代起它开始在人们的传说中进入月宫，此时它有时被说成是月精，有时它与蟾蜍在月宫中并存，有时与嫦娥同处于月亮上。它在一开始就不是一只普通的兔子，除了有时尊居月精之位，还因为它在进入月宫之前是西王母的侍从，任捣药侍者之职，而作为执掌治病、长

1　黄涛《中秋节》，中国社会出版社2006年版，第10—16页。

寿的神灵是受到人们特别的尊奉的，捣药的玉兔虽不是主神，但也有点药神的味道。到月宫之后，它仍然是捣药的姿态。从魏晋到唐宋时期，嫦娥身边有玉兔捣药的说法越来越盛行，这一时期玉兔主要是嫦娥的随从和宠物。明清以后，玉兔因为其捣药的职能受到人们的敬奉，并在人们拜月时得到供奉、祭拜，地位逐渐提升，以至于后来有时就作为月神单独受到人们的敬奉。这时它就隐约成为月神了，也可以说这一时期她是嫦娥的月神位置竞争者。明代人们开始单独祭祀玉兔，清代有了"兔儿爷"的说法，玉兔被塑造成一位威武又可爱的将军模样，既是被人敬奉的神灵，也是儿童的玩具。

后期玉兔被人敬为月神，还跟父权社会盛行男神崇拜有关。女神除了执掌生育和长寿的王母娘娘之外，其他女神享受到的尊奉都不普遍。有些女神如女娲、织女、厕神等在某些地方受到供奉，但一般不是受到普遍祭拜。月神嫦娥是受到各地人们敬奉的，但敬奉的仪式并不隆重，可说是香火不盛，敬奉者限于女性和儿童。但是无论何时，玉兔也没有完全取代嫦娥的月神位置，这是由于月神是女性的观念在民间是根深蒂固的。

吴刚伐桂

月球上不适宜生物存活，在人们的传说中也人烟稀少。唐代以前的故事里，月亮上面主要有嫦娥、蟾蜍、玉兔，此外还有桂树。月中有桂树的说法汉代以前就有，不过当时桂树跟嫦娥、蟾蜍、玉兔并没有发生情节上的联系。

到了唐朝，桂树与一个男性仙人吴刚联系起来。在老百姓看来，嫦娥一个人待在月宫里，难免冷清寂寞。成双成对、热热闹闹的团圆式结局更合乎大众的胃口。于是月宫里再添上一个和嫦娥做伴的男性就是不可避免的事。

吴刚的事首见于唐代段成式《酉阳杂俎·天咫》："旧言月中有桂，有蟾蜍，故异书言，月桂高五百丈，下有一人，常斫之。树创随合。人姓吴名刚，西河人。学仙有过，谪令伐树。"翻译成现代汉语就是：从前传说月亮中有一棵桂树，有一只蛤蟆，所以讲奇闻轶事的书里说桂树高五百丈，树下有一个人长期砍伐桂树，桂树被砍伤了又随即愈合。这人姓吴名刚，是西河县（山西汾阳）人。他学习仙术时犯了过错，被贬罚来砍桂树。这就是"吴刚伐桂"的故事。在这个故事里，桂树是株神树，总也砍不倒；吴刚则是修道学仙，有了过失才被罚到月亮上。至于吴刚犯了什么过失，古书上没有记载。

这里我们插入一个挺有意思的民间传说，其中说到吴刚的过失是由于同情帮助七仙女的孩子而触犯了天规，最后提出了一个关于月饼来历的说法：

〔南宋〕佚名《月明金粟图》

　　相传，七仙女在人世间给董永留下一个儿子。某年旧历八月十五，董永的儿子被其他孩童嘲笑说："你是个没有妈妈、没有教养的孩子。"这个小儿子便大哭着喊："妈妈，你在哪里，快来接儿！"这哭声惊动了天神吴刚，吴刚扮成村夫来到村头，给七仙女的儿子穿上登云鞋，让他飞上天宫。

　　七仙女见了儿子，既悲又喜，又亲又抱，并用核桃仁、花生做成馅儿，按圆月的样子做成饼给儿子吃，众姐妹也迎上来欢迎小外甥。

谁知这件事传到玉皇大帝的耳朵里，他气得七窍生烟，马上下令把吴刚罚到月宫里去砍桂树，永世不得离开。又没收小孩儿的登云鞋，用麒麟把他送回人间。回到人间，小孩儿如同做了一场梦，只对母亲做的那个仙饼还记忆犹新。后来他做了官，就叫各州县的百姓在八月十五这一天，都来仿做这种饼，摆在月亮下面，表示对亲人的怀念。因为此饼像十五的明月，因而人们将它叫作月饼，是一种寄托思念的饼。

吴刚与嫦娥有点"同病相怜"的意思：在有些人讲的故事里，嫦娥是因为偷吃仙药而被罚到寒冷的月宫里遭受寂寞之苦的。看来在百姓的心目中，月宫虽然是美丽的仙境，还有富丽堂皇的宫殿，但是由于冷清，并不是一个幸福的处所。这种想法倒符合我们的民俗文化以人丁兴旺、和乐喜庆为美的观念。月宫的冷清，反衬出人间团聚的可贵。在中秋赏月时，人们由此更能鲜明地感受到人伦之乐。

月宫里出现了吴刚之后，民众对嫦娥冷清生活的同情心得到了一定补偿。虽然他们二人并没有发生家庭生活式的故事，但给人们的感觉是嫦娥有人做伴了。同时，人们在说起月亮的故事时，主要还是说嫦娥，多数情况下并不提吴刚，好像把吴刚忘掉了，吴刚也没成为月神。这是由于在我们的传统文化中，月神应该是女神，月亮以嫦娥来代表最合适。同时也由于嫦娥的故事与吴刚的故事出现于不同的时代，各成体系，分头流传，二者没有发生交叉和融合，就是说，这两人并没有被编到一个故事里去，也就没有发生爱情的机会。在先秦就已存在的嫦娥奔月神话里，嫦娥本来是有丈夫的，属于离家出走，也没说她与后羿离婚了，她再跟别人有爱情关系或者再嫁也不符合老百姓的传统道德理念，这大概是两个故事没有被编到一起去的原因之一吧！

月饼的来历

月饼在明代成为中秋节令食品之后，由于它正好可以作为月亮的象征，又能代表亲友团圆，所以在中秋节俗中的位置越来越重要，数百年来传承不衰。吃到后来，人们虽不觉得月饼是多么好吃的东西，可是年年中秋都要吃。有些小孩子就要问："为什么中秋节要吃月饼呢？"这时家里的老人就会讲一个与月饼相关的故事来解释。老人的解释虽然可能不符合事实，但是很有趣味，不但能满足孩子的好奇心，也能传承一些相关的历史知识或者道德观念。

关于月饼的传说有多种，这些故事讲述了中秋节吃月饼习惯的来历，从何时开始过中秋要吃月饼的，等等。

其一　中秋节吃月饼源于元末农民起义

元朝末年，因受到蒙古统治者欺压，汉人的日子过得很苦。蒙古皇帝和官府怕汉人反抗，防范得特别严密，他们没收了人们家里的铁器，连菜刀也给锁上，三五家合用一把。汉人受不了压迫，就密谋起义。起义的带头者是朱元璋，他手下有个军师叫刘伯温，足智多谋。刘伯温给朱元璋出主意，用藏有"八月十五，驱除鞑虏"纸条的面饼传递消息，约各地好汉在这天夜里起义杀官兵。朱元璋采纳了他的建议，八月十五前几天开始将这种面饼四处传递。人们在收到后，也仿造这种月饼，夹上纸条，再传出去，这样一传十十传百，好多地方都流传开了这种饼子。到八月十五夜里，各处分头起义，经过好多场战斗，最终把元朝皇帝拉下马来。朱元璋做了皇帝，用传递信息的面饼赏赐功臣，庆贺胜利。民间为了纪念起义的成功，也在每年八月十五晚上吃月饼。从此中秋吃月饼的习惯就传下来了。

月饼成为中秋节令食品跟反抗压迫的起义有关，这是流传最广的一个关于月饼来历的传说。这个故事有不同版本。有的地方把用月饼传消息说成是另一个起义头领张士诚的事，有的地方只说是汉族人起义，并不提某个头领。

其二　月饼来自胡饼

唐高祖年间，大将军李靖率军征讨匈奴，打了大胜仗，在八月十五这一天班师回朝。唐高祖李渊为他设庆功宴。这时，有一个经商的吐鲁番人向皇帝献上他们家乡的特产——一种很好吃的饼，表示祝贺。唐高祖看着漂亮的圆饼，跟空中明月有点相似，就说："应将胡饼邀蟾蜍"。把饼赏赐群臣分食，大家都说这饼非常好吃。从此以后，胡饼就在京城流传开了，每到八月十五，人们就边吃胡饼边赏月，后来，胡饼又叫月饼。

这个传说也跟战事有关。不过故事里"月饼"名称的由来跟赏月活动联系在一起，"应将胡饼邀蟾蜍"的说法也比较文雅，文人色彩较重，很像是文人墨客编出来的故事。

其三　杨贵妃给月饼起名

月饼很早就有了。汉代张骞出使西域，带回来芝麻、胡桃，当时人们用胡桃仁做馅，做出一种圆形饼，叫胡饼。有一年八月十五，唐玄宗和杨贵妃一边赏月

唐高祖形象

〔清〕陈士倌《 圣帝明王善端录》

一边吃胡饼。唐玄宗说："胡饼这个名字不好听！"
杨贵妃望着又大又圆的月亮，随口说："这饼很像天
上的月亮啊，就叫月饼怎么样？"唐玄宗说："好！"
从此，胡饼就改叫月饼了。

这个传说跟第二个传说在时间上接近，也是说这饼的来历
有外来的成分。故事把月饼跟杨贵妃这个民间知名度很高的美
女联系起来，更富于闲情逸致。

以上是民间传说对月饼来历的解释。这种解释都是先人在
生活中为了满足自己或孩子们的好奇心而编出来的故事，其中有
两点是真实的：一是中秋节吃月饼的基本事实是真的，二是故事
情节所反映的人们的爱国意识、热爱团圆美满生活的情感是真实
的。至于故事里所说月饼产生的过程和年代，按照传说形成的原
理，一般是不可信的，假使跟事实一致，那也极为少见，或者只
是巧合而已。人们都不计较传说在细节上是不是真实，讲的人跟
听的人都知道这是在讲故事，只要故事有意思就行了。不过，关
于月饼的上述传说有些还真的跟事实大致相符，或有一些真实的
联系。比如第一个故事讲月饼大致产生于明初，第二个故事和第
三个故事讲月饼跟一种有外来因素的胡饼有关系，这些都是跟事
实大体相符的——月饼作为节令食品是明代的事，它的前身是曾
经作为大众食品风靡很久的胡饼。

唐明皇游月宫

唐明皇李隆基由于跟杨贵妃的爱情故事，大大提高了他在诸多皇帝中的名气，成为文人乐于吟叹、百姓愿意提起的人物。根据历史文献，唐玄宗还是一个风雅的喜欢赏月的人，这使他成为中秋节故事的主角之一，好几个故事都有他的份儿。

被称为中秋节三大传说之一的唐明皇游月宫的故事在唐代就已盛传。据唐代蒋防《幻戏志》记载：八月十五夜晚，玄宗望月入迷，起了游月宫的念头，就请天师作法，与天师一起来到月宫。月宫中的仙乐分外动听，仙女告诉他们这音乐名叫《紫云曲》。玄宗素晓音律，默记曲调，回到凡世把这仙乐传了下来，起名为《霓裳羽衣曲》。从月宫回来的途中，经过潞州城，俯视全城，见月光如画，城中静悄悄的。天师就请玄宗用玉笛演奏乐曲，但玉笛并没随身带来，还在寝殿之中。天师就命徒弟去取，瞬间取回。奏完曲子，君臣几人向城中投撒金钱。过了十几天，潞州官府上奏说，八月十五月圆之夜，空中有天乐传来，并有金钱撒下。这个故事在唐代笔记小说《龙城录》（作者托名柳宗元）中也有记载，对月宫景象、素娥仙乐等描述更为详细生动，并提到"次夜上皇欲再求往，天师但笑谢而不允"。意思是游月宫是特定时间"八月望日"才能做的事。

〔明〕佚名《玄宗贵妃奏笛图》立轴

中秋赏月作诗

以上四个故事是中秋故事中影响较大又有较深历史渊源的。关于中秋节的故事自然不止这四种，近世以来出现的生活气息浓郁也更有趣味的故事是很多的，如河北安平县流传的故事是这样的：

从前有一个财主，日子过得很富裕，这年中秋，老财主对三个儿子说："今年咱们的收成不错，我准备了些酒菜，今晚喝酒赏月"。

财主家的老三小子有点缺魂，见到满桌子的酒肉，没等父亲说完，端起酒杯就喝。老财主说："小三，你先别喝，今天喝酒赏月，我给你们哥仨出个题，各作诗一首，谁作完诗谁喝酒，作不上诗不让喝。"

老三小子一听，心想："大哥、二哥都读过学堂，只有我大字不识，这不是成心给我难堪吗？"

老财主说："我给你们出这么个题，'什么圆又圆，什么缺半边,什么闹哄哄,什么冷清清。'你们谁先说？"

老大抬头望见天上的月亮，说道："十五、十六的月亮圆又圆，十七、十八缺半边，天上的星星闹哄哄，早晨起来冷清清。"

老财主听完说："好！老大先喝。"

老二心想："大哥抢先说了月亮，我说什么呢？"忽然发现桌子上放着的烧饼，便拿起一个烧饼说道："这个烧饼圆又圆，咬他两口缺半边，烧饼上的芝麻闹哄哄，吃完以后冷清清。"老财主听完说："行，你也喝。"

老三憋了半晌想不出词儿，忽然看着父子四人围桌而坐像个圆形，说："咱们四人围坐圆又圆，爹跟俺大哥一死缺半边，出殡的时候闹哄哄，出殡回来冷清清。"老财主听完就火了："臭小子！你咒我死呀？"说着拿起棍子追着老三就打。

这时，财主的三个儿媳妇听到嚷声从屋里跑出来，忙问："爹，你们吃得好好的，怎么打起来了？"老财主便把刚才的事对媳妇们说了一遍。大媳妇说："小三他不会说话，让你老人家生了气，我看这样吧，你给俺妯娌仨也出个题，各作诗一首，就算圆了今天的场儿。"

老财主一听心想有理，就说："行，你们每句诗的末尾都带'子'字，图个人丁兴旺。"

大儿媳妇娘家是书香门第，读过几年书，有些学问。作诗道："我是读书一女子，陪送古书一箱子，不用请教孔子，能写好诗句子。"

二儿媳妇家是裁缝，也读过几年书。作诗道："我
是裁缝一女子，陪送一把剪子，给我一张皮子，给你
做条皮裤子。"

　　三儿媳妇娘家是割猪肉的，家里穷，没上过学，
心想：在这个家里，男人窝囊，女人也让人瞧不起。
便没好气地说："我是割猪一女子，陪送一把割猪刀子，
你要打你家三小子，割了你这老王八羔子。"[1]

　　根据我们的了解，现在农村一般是没有中秋赏月赋诗的习
俗的。而这个故事能够流传，可能是由于它是古代传下来的。
值得注意的是，故事里面没讲吃月饼而讲吃芝麻烧饼，分明是
将芝麻烧饼当作月饼的替代物。这跟我们考证出的月饼前身是
胡饼的结论倒是一致的。

1　选自王敬学主编《安平县故事歌谣选》，中国民间文艺出版社1989年
　　版，第95页。故事讲述人：孔树波，男，60岁，初中文化，何庄乡彪冢
　　村。整理人：任绍宗。

中秋的纪念物

节日纪念物指能代表节日特色的事物，如春节的饺子、对联，清明节的鲜花、青草、柳枝、风筝，端午节的龙舟、粽子、菖蒲、艾蒿等。节日纪念物可以是食品、用品等本来就是实物的东西，也可以是意象、形象等较抽象的东西的物化形态，如西方的圣诞老人，本是宗教传说中的人物形象，但是在节庆场合布置的圣诞老人的人偶像就是节日纪念物。

"节日纪念物"比较强调物品形式，但不同于普通的食品、用品，它们有丰富的文化内涵，而且大多是有历史渊源的；除了物质消费用途之外，它们还有很多的文化消费用途。所以对这一名词应做更宽泛的理解，也包含那些非视觉的元素，除了这些纪念物的物质形式，还要包括关于这些物品的民间信仰、传说、文化内涵、历史渊源。比如龙舟这一端午节的纪念物，不只是指视觉上的龙形的船，还包括古人的龙图腾崇拜、端午节划龙舟是为救屈原的传说、五月初五龙舟竞渡的习俗惯制等。有些节日纪念物的非视觉元素还占据较大的比例，如清明节的纪念人物介子推、端午节的纪念人物屈原主要出现于口头传说中，这种人物形象也可被称为节日纪念物，当然他们也都可落实为不同材质的偶像、宣传品等物品形式。另一个说法是"节日象征符号"，跟节日纪念物的含义相近，所包含的内容更多些，但是比较抽象、费解，"象征""符号"这种字眼听起来有些深奥难懂，所以这里还是使用"纪念物"的说法。

"节日纪念物"是适合于现代生活的提法。传统节日主要形成和传承于农业社会，那些过节的方式、相关的观念和说法等都是老习惯了，在现代生活中显得落落寡合。但是老习惯还以历史传承的惯性保留着，我们也需要把这些习惯作为民族文化根基与特色的一部分保持着，加以利用、改造使之适应现代社会。节日纪念物是与农业社会的传统生活浑然一体的，在传统社会环境中作为纪念物的意义就不显著。在现代社会，传统节日习俗赖以存活的土壤已发生很大变化，这些习俗成为现代人看起来有些"老旧"甚至奇异的东西，但是人们都知道它们代表了自己过去的文化特色，从而爱惜它们、传承它们，并把继承这些老习惯当作是对过去的生活方式和历史文化传统的纪念、怀恋，那么这些传统习俗就有了显著的纪念意义，其中有代表性的事物就成了纪念物。

节日纪念物是节日习俗的基本元素的一部分。作为中华民族的一员，我们一提起那些熟悉、亲切的传统节日，就会想起那些我们从小习惯了的节日纪念物；一提起这些节日纪念物，也会想起相应的传统节日。在特定的民族文化环境中，节日纪念物与相关的传统节日在人们的文化记忆中有牢固的密切联系。

节日纪念物可以用来营造节日气氛。按着习惯，在大年三十的下午，各家开始包饺子、贴对联，这时，过年的氛围开始浓郁了。用节日纪念物来布置环境，使用节日纪念物进行习俗活动，是营造节日氛围的重要方式，特别是营造外部可见的节日氛围的主要方式。传统节日是我们的"大日子"。在我们的感觉中，这些日子与平常的日子是不同的。在节日时间所体会到的这种"非常"感觉，除了来自在我们的记忆中保持的这些特定时日的重要意义给我们造成的心理影响，就主要来自这些节日纪念物对环境的渲染、使用节日纪念物的习俗活动。

明确了某个特定节日的节日纪念物，商家、企业就可以设计、生产、经营相关的物品或消费活动，电视、报纸、杂志等媒体就有了为适应人们节日生活的重点宣传目标。

中秋的特色元素

　　中秋是一个习俗活动多姿多彩的大节，其节日纪念物或者说象征符号也丰富、浪漫、富于情趣。中秋纪念物最有影响的有六种：月宫、嫦娥、月饼、玉兔、桂树、桂花。

　　与其他传统节日相比，中秋节的节日象征符号数量尤多，其历史文化内涵也尤为深厚。可以说，中秋节的纪念物比西方最热闹的圣诞节还要丰富、浪漫：圣诞节有圣诞老人，我们的中秋节有仙女嫦娥；西方有圣诞树，我们有桂树、桂花；西方有圣诞礼物，我们有月饼、兔儿爷。围绕这些纪念物，我们的中秋节还承载着许多美丽、神奇、有趣的神话、传说、故事。其实，经过对传统习俗的合理吸收、改良和创新，我们的中秋节在浪漫、轻松、有趣等方面一点儿也不比洋节逊色。中秋节的这些纪念物有足够的潜力被打造成有吸引力的节日符号。

月宫

　　八月十五又大又圆的明月是中秋节俗的核心象征物。作

为文化象征符号的圆月，不是科学意义上的月球，而是被赋予
人文意义的月宫，古人称之为"广寒清虚之府"。民众心目中
的月宫是一座琼楼玉宇，是晶莹澄澈的圆形宫殿，里面有捣药
的玉兔、翩翩起舞的嫦娥，空中响着动听的仙乐《霓裳羽衣
曲》，是一个华丽而冷清的所在。过去民间祭月时有供奉彩色
月宫图的，在一些墨画、刺绣、金镂的工艺品上也有月宫图。

几千年来，月宫寄托了人们无限崇敬、喜爱的情感和神奇
美丽的想象。虽然有冷清之嫌，月宫千百年来仍然是中国百姓
一直幻想着能登临一游的美丽仙境。围绕它，民众创造了嫦娥
奔月、玉兔捣药、吴刚伐桂、唐玄宗游月宫、贵妃赏月等神话
传说，这些故事讲述了千年，至今不衰；众多文人骚客则围绕
月宫创作了大量的优美动人的传世诗文。

嫦娥

轻舒广袖的仙女嫦娥是中秋的重要象征符号。她实际上是
月亮的化身。

把月亮想象为女神嫦娥，从上古时期就已如此。在原始社
会末期，月亮中的神物越来越多地跟人的形象相结合。开始这
位女神被说成是月亮的母亲，后来被说成月亮本身，并且与男
性的日神相提并论。汉代时月神为嫦娥的说法已经确立了，不

〔元〕佚名《香月潮音图》

过月精为蟾蜍的说法也同时流传着。两种说法并行不悖，后来这两种说法被糅进同一个故事里，蟾蜍被玉兔代替，成了嫦娥身边的一个宠物，这种传说的盛行是唐代以后的事。唐宋时期，嫦娥成为月亮的最主要的人格化形象。到了近现代，嫦娥成为在月宫中过着清冷生活的一位美丽而寂寞的女性，尽管其形象的情感色调偏于忧郁，但是富于浪漫抒情的美感，并且反衬着人间生活的美满热闹。

月饼

月饼自古称为"团圆饼"，是中秋节俗最重要的象征物，也是一些影响广泛的传说的载体。民间解释月饼的来历，众说纷纭。实际上，月饼源于明代中秋节的拜月习俗，其最初用途是作为拜月的供品。因为中秋祭的是圆月，"其祭果饼必圆"，就把饼食做成了圆形。因为是供品，必然要选上好的材料，要做出好味道，要做得外观好看。同时民间向来有祭神仪式完成之后分食祭品的习惯，于是月饼便成为一种很特别的中秋节令食品。后来拜月习俗淡化，月饼作为团圆饼的地位却越来越重要了，这时它作为祭品的作用就减弱了，以至于到后世拜月习俗基本消失的时候，吃月饼成为中秋节的主要习俗之一。明代还重视亲友间的人情往来，在月饼主要作为祭品的时期，它就跟时令瓜果等一起成为中秋期间亲友互相馈送的礼品。此后，中秋节吃月饼的习俗传承不衰，至今尤盛。

玉兔

玉兔是月亮的动物化身形象，古代诗文常用它指代月亮。

按上古时期的说法，月精是蟾蜍，汉代晚些时候才出现了月中有玉兔的说法。月中玉兔捣药的形象跟西王母神话有密切关

〔明〕陶成《蟾宫玉兔图》

秋暖無端遲桂芳綴枝柯
折幾苞黃玉綴靜守冰輪
朗盡出人間滿意涼
戊寅仲秋御題

宸襟拈句覺清
芳態愧濡毫數
點黃恰遇
山莊開
壽宴兔輪初上
碧天涼

慈珠顆顆領秋芳風露
連宵色染黃駐景不煩
尋玉杵冰輪影視永
清源

〔清〕蔣溥《月中桂兔圖》

廣寒高豪滿檻芳
顒瞻金枝泛露黃
正是敷天開
壽域重輪無際一
天涼

一株玉宇領
巖芳領腹祥
占兆珥黃
天詠題成廣
賓譜雲墩合典
秦荐涼

玉兔愛愛守桂芳金
波滿滿著花黃普天
恰祝壽風雲先披
如恒壽風雲先披
上苑涼

系，应该是人们把西王母神话中的情节移植到月亮神话中的结果。在汉代的传说中，月精主要是蟾蜍，玉兔在汉代中晚期刚开始进入月亮，往往同时跟蟾蜍在月中出现，月中有玉兔的说法还不是很流行。到了晋代，关于月中有玉兔捣药的故事已经有较多的记载，民众渐渐用可爱的玉兔代替了形貌丑陋的蟾蜍。到了唐代，月中有玉兔捣药的说法更常见了，而且有了以玉兔代指月亮的诗文。此时它主要是嫦娥身边的宠物和侍从。明清以来，民间也把玉兔当作尊崇的神物，称之为"兔儿爷"。

北京、天津、山东、河北等地都有摆兔儿爷、玩兔儿爷的习俗，尤以北京玩兔儿爷之俗为盛。兔儿爷被当作最有北京特色的中秋节令吉祥物。兔儿爷主要是给孩子们玩耍娱乐的一种泥塑玩具，其形状是人形而有兔嘴兔耳。虽说兔儿爷是孩子过中秋的玩意儿，还是跟普通的泥人儿玩具不同。在民国时期，兔儿爷还有神像的性质，被人们供奉。

2006年，中央电视台举办了大型的中秋庆祝晚会，晚会选出的吉祥物就是一只卡通形象的玉兔，活泼可爱、憨态可掬，名为"团圆兔"。

桂树

月亮的另一个象征物是桂树。在古人的观念中，桂树是一种形象美好、寓意吉祥、带有神性的树。

明月中有一团朦胧的黑影，的确像是一棵树的样子。根据现代航天探测结果，那实际上是月球上地势较低的平原，称为"月海"，而亮的部分是高出月海的月陆或高地。叫月海只是因为这部分平原地势低，并不是水域，月球上没有水。故老相传，月亮上有一棵桂树。杭州一带甚至传说，月圆之夜，会有许多桂子从月亮上掉落人间。唐代诗人宋之问《灵隐寺》中说："桂子月中落，天香云外飘。"意境言辞都很美，成为咏月名句。白居易《忆江南》词里写道："江南忆，最忆是杭州。山寺月中寻桂子，郡亭枕上看潮头。"诗人根据当地传说写下这首词，在山中古寺赏月，望着月中桂树，想象该有许多桂子掉下来了，要在地上找桂子了。[1]

---

1 关于月宫中的阴影也有不是桂树的说法。宋代人所写的一本讲述道家学说的书《云笈七签》中说："月中树名骞树，一名药王。凡有八树，得食其叶者为玉仙。玉仙之身，洞彻如水精琉璃焉。"这里说月中树叫骞树。这种树好像不是现实中能见到的树，至今没见到关于这种树的其他记载。就这本书的记载，骞树是一种神奇的药树，吃了这种树的叶子就能成仙，身体变得像水晶一样剔透。它是存在于神话传说中的树，应该是有人根据月亮神话编造出来的。因为这种药的功能跟嫦娥吃后就成仙的药是一类，跟玉兔捣药也有联系，这个故事可能是在嫦娥故事、玉兔故事上衍生出来的。明代陈仁锡《潜确类书》也设"月中骞树"条，是沿用了《云笈七签》的说法。

坐雲中秋月正圓玲
琭丹桂植當天無私香
照八荒外皎潔清光雲

瀋迻 中秋望月

〔清〕蔣廷錫《桂花軸》

关于月中有桂树的说法，现在见到的最早文字记载是西汉时期的《淮南子》："月中有桂树。"它记载的神话一般是产生于更早的时期而流传到西汉的。就是说，关于月中有桂树的说法早在西汉之前就有了。南朝的沈约在《登台望秋月》诗中说："桂宫袅袅落桂枝，露寒凄凄凝白露。"那时已把月亮称作桂宫了。到唐代，月中有桂树的故事传播更盛，许多诗歌中都有这种说法，社会上也开始流行"攀桂""折桂"等词，意思是得到很高的荣誉或地位，特指科举中第。

桂树是一种寿命很长的树，可生长千年以上，我国现存不少千年以上的桂树。因此，古人认为桂树是一种神圣、华贵的树。楚国人习惯用桂酒、桂枝来祭祀神灵。屈原在《九歌》中多次提到"桂"字。春秋战国时代，桂花酒还被用作外交场合的宴席用酒，招待尊贵的宾客、使节。这样，我们可以知道，古人将月中阴影说成桂树，跟他们对桂树的印象是有关系的，其中最主要的是在他们看来，桂树在某种程度上是一种神树。桂树后来虽然基本失去远古人心目中的神性，但是其美好、吉祥的形象仍然保持着，并且有所强化。由于"桂"与"贵"同音，桂树更加成为"高贵""富贵"的象征。[1]

月中有桂树的传说代代相传，到了后世成为中国尽人皆

---

[1] 黄涛《中秋节》，中国社会出版社2006年版，第17—23页。

知的美好意象。桂树也像"嫦娥""玉兔"一样成了月亮的象征物，人们可以用"桂月""桂轮""桂宫""桂魄"等代指月亮。

在唐代，桂树还与男性仙人吴刚相联系，有了"吴刚伐桂"的故事。在这个故事里，桂树还是神树，被砍伤了又随即愈合，总也砍不倒。

桂花

"八月十五桂花香。"我国南方不少地方都有在中秋节赏桂花、食用桂花的习俗。南京人中秋节喜食"桂花鸭"。上海人的中秋节令食品里有桂花糕、桂花酒，还爱到桂林公园赏桂，家里也插几枝桂花。月夜，吃着月饼，喝着桂花酒或桂花茶，遥望月中桂树，是别有节日韵味的。桂林更是桂花之乡，中秋时节，桂花满城飘香。人们用桂花做成香包悬挂在家里或随身携带，也馈赠他人。节令食品除了月饼，还有用桂花做成的桂花糕、桂花酒，饭店里还添一道桂花菜。

肆

中秋赏月

中秋是关于月亮的节日。它的所有习俗几乎都和月亮有关：赏月、祭月，吃月饼，月下游戏、交往，讲与月亮有关的故事，等等。就连现在中秋节最受重视的亲友团圆习俗也跟月亮有关——月圆家也圆，团圆本由月圆引发。在这些习俗中，跟月亮关系最大的自然是赏月。

中秋本来就起源于赏月，在唐宋时期，赏月更是中秋的核心内容。在现代社会，赏月也是中秋的一项重要习俗。

赏月是一种亲近大自然的优雅活动，其间充溢着诗情画意、闲趣逸致，贩夫走卒、村野匹夫可以陶醉其中，骚人墨客、风流才子更是乐于此道，并作出许多绝妙词章。

那么，中秋的月亮为什么看起来又大又圆呢？它真的比其他月份的圆月更大更圆吗？历史上赏月在中秋习俗中占据怎样的位置，经历了怎样的变化？现在我国各地过中秋是怎样赏月的呢？下面我们做一个简要的讨论。

为什么月到中秋分外明

月亮每月都要圆一次，每次月圆的时候都很亮。可是根据我们的生活经验，中秋的月亮最亮，所谓"月到中秋分外明"。这是我们的错觉还是事实呢？从现代科学角度怎样解释这种现象？

中秋节的形成条件最关键的就是八月十五有一轮又大又圆的月亮。谈赏月的问题，有必要先弄清楚关于月亮的一些科学知识。

其实，单纯从天文学的角度看，月亮不一定只在中秋分外明。月亮本身是不发光的。我们看到的月亮的光辉是反射的太阳光。太阳、地球、月亮三者之间的位置关系的变动是比较复杂的。地球绕着太阳公转，地球也自转；月亮绕着地球转，也自转；地球又带着月亮绕着太阳转。这种复杂的位置变动关系造成了月亮反射给地球以太阳光的角度、面积有多种变化，就造成了月圆月缺的"月相"变化。

通常农历两月相接的一两天，月亮位于地球和太阳中间，月亮接受太阳光的一面正好在背着地球的那一面，我们就完全看不到月亮，称为"朔"。月黑之后一两天，西方夜空开始出现镰刀状的弯月，弯月的凸面向着落日的方向。往后月亮亮的部分逐渐增大，过五六天就成了半圆形，这时的月相叫作"上弦"。再过七天就是满月了，这时的月相叫作"望"。满月以后，月亮的西半边又开始凹下去，到半圆的时候，那月相就称为"下弦"。

由于月亮在农历每月的十五才开始呈现满月的样子，这个日子又大多是在一个月的正中间，我们习惯了每月十五的月亮最圆最亮的说法。但是精确地说，每月十五的月亮不一定是最圆的，有不少时候是十六最圆，甚至少量时候是十七最圆。这是由于月亮围绕地球运行的轨道呈椭圆形，在一年之中月亮离地球的远近不同，引力大小也不同，导致月亮运行的速度不均匀。有些月份上半个月走的速度正常，到达月圆的位置时正好是十五，就是月亮十五圆。有些月份上半个月走得慢一点，月亮到达最圆的位置就在十六，也有很少的时候在十七。所以民间也有"十五的月亮十六圆"的说法，这是人们注意到了有些时候十六的月亮是最圆的。有些地方中秋节不在十五过，而在十六过，从月相的角度也有一定的道理。江浙一带有八月十五之后赏月的习俗，直到十八都可赏月，也符合月相的规律。

根据相关统计资料，从1987年到2005年的十九年间，月亮有七年是八月十五圆的，占总月圆次数的37%；有九年是八

〔清〕恽寿平《五清图》

月十六圆的，占47%；有三年是八月十七圆的，占16%。从2002年到2005年，连续四年都是农历八月十五月亮最圆。而从2006年开始到2010年，连续五年都是"十五的月亮十六圆"。从习惯的角度讲，一般还是要在十五赏月，但从自然现象看，这五年中八月十六赏月更合适。

月亮到中秋的时候最圆，这是自古以来的直觉认识，诗文里有不少这种记录，现代的人们也是这样认为的。如果不是这样，这个跟月亮关系最密切的节日就不一定设在八月十五了，也可能在其他月的某个日子，或者根本产生不了这个节日。问题是，八月十五的月亮真的比其他月的十五圆吗？如果不是，我们为什么会有"月到中秋分外明"的感觉？

从天文学的角度看。月亮的亮度，跟月亮反射给地球光线的反光面的大小有关，同时还跟月亮离地球的远近、月亮离太阳的远近有关。每月的满月都能达到最圆的状态，反光面都有一天达到最大，八月十五也并不比别月十五更圆。那就要看月亮的近地点和近日点的情况了。根据天文学资料，月亮在其公转的椭圆形轨道中，其近地点并不一定在八月十五前后，而近日点一般在农历十一月、十二月，不在八月。就是说，人们感觉中秋月亮最大最亮的事实在天文学上找不到合理的依据。[1]

————————

1　黄涛《中秋节》，中国社会出版社2006年版，第51页。

再从气象学的角度看。气象研究人员指出："每当这个时候，北方吹来的干冷气流迫使夏季一直回旋在我国大部分地区上空的暖湿空气向南退去，天空中的云雾少了。同时，太阳的倾斜度渐渐变大，地面得到的太阳热逐渐减少，气温一天比一天低了，干燥、寒冷的冬季风使水汽降低，空气透明度加大，因而秋高气爽、夜空如洗，月亮分外皎洁，使人产生月到中秋分外明的感觉。这也是古诗中说的'岂是月华别？只因秋气清'。"[1] 原来如此。不是月亮本身的变化而是气候、空气的变化使我们看月亮的视觉效果特别好，使人感觉中秋的月亮又大又亮。

中秋赏月风习的变迁

太阳是白天的光源，月亮则为夜晚带来柔和的光辉。这种自然景观是万古长存的。皎洁的明月当然在何时都会引起人类的关注和欣赏。在远古时期，人们对月亮固然更多的是崇拜，但是在崇拜之余，也会感受到月色之美。那些关于月亮神话都有着浪漫绮丽的幻想，吟咏月色的诗歌很早就留下了记载。先秦时期的《诗经·国风·陈风》就收录了优美的《月出》诗篇：

1　娇玲玲《中秋夜月色更明》，载《生活报》2004年9月26日，第29版。

"月出皎兮，佼人僚兮，舒窈纠兮，劳心悄兮。"翻译成现代汉语就是："月亮出来多皎洁啊，月下美人多动人啊，轻摆腰肢多苗条啊，我思佳人心不安啊！"诗分三段，每段都以"月出"起头，描画出一幅情意绵绵的月光美人图。但是这种对月色的欣赏并不在特定的日期进行，与后来的中秋节没有直接的关系。

月到中秋分外明的自然现象与赏月风尚的契合便是中秋赏月的盛行。赏月之举，当然不能说始于唐朝。但是唐朝的赏月之风大盛于以前，造成了中秋赏月的流行，从而形成了一个以赏月为中心活动的节日——中秋节。

赏月风尚主要是玩味月色之美，对月亮的崇拜退居其次。这种思潮的出现需要在自然崇拜与神话思维比较淡化之后才能出现。魏晋南北朝时期便出现了文人玩月风尚的苗头。南北朝时期的谢灵运、鲍照、谢朓等诗人都已开始玩月，留下了玩月诗。对此，唐代欧阳詹在《玩月》诗序中说："月可玩。玩月，古也。谢赋、鲍诗、朓之庭前、亮之楼中，皆玩月也。"他说月亮可以玩，显然是与月亮崇拜截然不同的一种态度。

到了唐朝，社会安定、政治开明、经济繁荣，人的思想也空前地开放自由。这种盛唐气象导致赏月活动更加风行，赏月活动的盛行自然也会导致中秋赏月的流行。再就是因为前文所说的月到中秋分外明。唐代的诗人们显然也注意到了这一事实，并将之清楚地描写在了赏月诗歌中。欧阳詹在《玩月》诗序中说：

> 月之为玩，冬则繁霜太寒，夏则蒸云太热，云蔽月，霜侵人，蔽与侵，俱害乎玩。秋之于时，后夏先冬，八月于秋，季始孟终，十五于夜，又月之中。稽于天道，则寒暑均；取于月数，则蟾兔圆。

意思是，如果玩月的话，冬天夜晚霜气繁重，太冷了，夏天则云气太多又太热，云会遮蔽太阳，寒冷则使人不舒服，都不适合玩月。而秋天在夏天之后、冬天之前，八月又在秋天的中间，十五又在八月的中间。八月十五的夜晚，从温度上讲不冷不热，从月相上说，则月亮正圆。这是非常明确地说出了唐人特别钟爱八月十五日月夜的事实。

刘禹锡的《八月十五日夜观月》说："天将今夜月，一遍洗寰瀛。暑退九霄净，秋澄万景清。"意思是，上天将今夜如水的月光向四面八方播撒，将天空洗得干干净净。暑气消退，天空变得明净，秋色澄澈，万物清新。这跟气象学的解释比较接近。

张祜诗《中秋月》中有"一年逢好夜，万里见明时"，也是说这天的月色在一年中最好。

司空图《中秋》诗则说："此夜若无月，一年虚度秋。"这一夜如果月亮隐而不见的话，这一年的秋天算是白过了。可见中秋之夜在唐人的心目中多重要，是多么特殊的赏月佳期。

无须再多引证，结论已经跃然纸上：唐人赏月的爱好使得中秋赏月风行，渐渐演变为一种风俗，时人都在八月十五夜晚大张旗鼓地赏月，这样唐代的八月十五作为一个赏月节就出现了。

以上这些记述说明唐人对"月到中秋分外明"的现象有了清楚的认识。大量的关于中秋赏月的诗歌和野史记载，则说明在唐代，首先在文人、上层社会形成了中秋赏月的风俗，后来到唐代中晚期逐渐成为全社会的习惯。[1]唐代已形成中秋节的结论是我们根据当时的诗文资料推论出的，唐人似乎并没有意识到他们已经用自己的实际行动创造了一个节日，在他们的文献中没有留下关于这一节日的名称，在风俗志一类的书中也没有留下关于中秋节的明确记载。

宋代的中秋节已经是一个盛大的节日，其核心节俗还是赏月，并且留下了比较细致的文字记载。记载北宋习俗的《东京梦华录》和记载南宋习俗的《梦粱录》都专设了"中秋"条。《梦粱录》是这样描述南宋汴梁（开封）中秋节的：八月十五

---

1 黄涛《中秋节》，中国社会出版社2006年版，第43页。

〔明〕沈周《黄菊丹桂图》

日是中秋节，这天正好是三秋（农历七八九三个月）之半，所以叫作"中秋"。这晚月色倍明于平时，又叫作"月夕"。此夜金风送爽、玉露生凉、丹桂香飘、银蟾光满。王孙公子、富家巨室，全都登上高楼，临轩玩月，许多大户人家还摆上丰盛的宴席，在琴瑟铿锵之中酌酒高歌、通宵玩乐。至于平常百姓人家也登上小小月台，安排家宴，团圆子女，欢度佳节。即使那些住在陋巷破屋的贫穷人家，没钱买酒，把家里东西典当了也要换些酒来，勉强迎欢，不肯虚度佳节。这晚街上的商铺一直开到五更，玩月的友人在市面上络绎不绝。平时都要宵禁，在夜间人们不能随便到街面上走动，这晚则解禁。可见宋代赏月风气之盛。

元代中秋节继承唐宋之风，八月十五赏月的兴致依然很盛。入主中原的蒙古人受汉族风习熏染，也举行隆重的赏月活动。元末陶宗仪的《元氏掖庭记》记载了元代皇室中秋赏月的盛大场景。己酉（1309）仲秋之夜，元武宗与众嫔妃在太液池泛舟赏月。（太液池就是现在北京城的北海、中海，当时水面比现在要宽广，在皇宫之西。）此夜风景："月色射波，池光映天。绿荷含香，芳藻吐秀。游鱼浮鸟，竞戏群集。"皇帝与嫔妃们坐在居中的画舫上，两边有莲舟伴行。莲舟上各设"女军"，是由俏丽女子们装扮成的士兵队。左边船上的女军头戴赤羽冠，身穿斑纹甲，手执泥金画戟，船头飘扬着凤尾旗，这个船队叫作凤队。右边船上的女军头戴漆朱帽，身穿雪氅裘，手拿沥粉雕戈，船头鹤翼旗飘扬，号称鹤团。在这三条船的周围，又有许多彩帛装饰的采菱采莲的轻舟，轻快便捷，往来如飞。当月丽中天、彩云四合之时，皇帝命令开宴。音乐响起，美味佳肴摆上来，身着轻纱的宫女们上前跳起八展舞，唱起《贺新郎》。皇帝如同身临仙境，高兴地对嫔妃们说："朕今与卿等际此月圆，共此佳会，液池之乐，不减瑶池也。"接下来痛饮美酒，大吃菱角，又令两条船上的女军击水为戏，最后唱着龙归洞之歌而还。

癸巳（1353）中秋，元顺帝也乘龙船在太液池赏月。这次是在湖面架起三座浮桥，每座分三个桥洞，桥上结彩为飞楼，楼上有宫女奏乐。

作于元代末期的著名戏曲《琵琶记》专有一出戏叫"中秋望月"，写主人公蔡伯喈、牛小姐中秋赏月的情景。牛小姐赏月的兴致很高，蔡伯喈却对月思乡，想念远方的父母妻儿，慨叹月圆人不圆。

元代林坤的《诚斋杂记》还记载了一则中秋之夜人仙相恋的故事，也能反映这一朝代赏月风气之盛。故事里说：在钟陵西山，每到中秋节，就车马拥塞、人声鼎沸。贵族豪富之家，召来有名的歌姬，月下踏歌而舞，主人在一旁饮酒赏月。书生文箫发现一位歌女十分美貌，看得呆了。歌女也与他眉目传情，唱道：

若能相伴步仙坛，应得文箫驾彩鸾。

自有绣襦并甲帐，琼台不怕霜雪寒。

这歌词分明是邀书生同上月宫、共享仙福。文箫由此想到，这位女子可能是月宫下凡的仙女。歌罢，仙女离众而去，文箫紧随其后。女子穿过松林，登上山顶，飞上天空。此时忽起风雨，一位仙童现于天空，宣读天书，说天女吴彩鸾放纵情欲，泄露天机，故贬到下界，做凡人之妻。于是文箫得与仙女结为夫妻，居住在钟陵山之侧。

明代中秋节俗大变。拜月、祭月成为主要风俗之一，而赏月之风衰弱。清代中秋节承继明代风气，拜月之风更盛，赏月之风愈减。尽管寻常百姓赏月之风不再兴盛，但是还有一些地方有赏月习俗留存，而贵族、文人赏月之兴仍旺。明清两代也留下来一些赏月的故事和诗文。此处略举两三例。

明朝初年，南京有望月楼、玩月桥，都是中秋赏月的佳处，而以玩月桥最为有名。该桥依托南京夫子庙与风景秀丽的秦淮河，桥旁有名妓马湘兰的宅第，为这处景点增添了些许风流韵味。中秋之夜，文人雅士竞相来此赏月赋诗。明亡后，来此玩月风俗衰落，有诗追念旧时盛况：

风流南曲已烟销，剩得西风长板桥（玩月桥），却忆玉人桥上坐，月明相对教吹箫。

据郎瑛《七修类稿》记载，明代永乐年间的一个中秋之夜，皇宫中摆好宴席，欲尽赏月之雅兴。偏偏天公不作美，此夜天上明月为浓云遮蔽。明成祖闷闷不乐。一旁翰林学士解缙见龙颜不悦，即席作《中秋不见月》诗，抒发中秋之夜不见明月的遗憾之情，又表达云开见月的祝愿。成祖看后愁情稍解。恰好到夜半之时，天上浓云散去，明月朗照。成祖笑说："解缙真才子，夺天手也。"君臣月下畅饮尽欢。

明代诗词书画俱工的大才子文徵明有一首词《念奴娇·中秋对月》：

桂花浮玉，正月满天街，夜凉如洗。风泛须眉并骨寒，人在水晶宫里。蛟龙偃蹇，观阙嵯峨，缥缈笙歌沸。霜华满地，欲跨彩云飞起。

记得去年今夕，酾酒溪亭，淡月云来去。千里江山昨梦非，转眼秋光如许。青雀西来，嫦娥报我，道佳期近矣。寄言俦侣，莫负广寒沉醉。

这首词意象清丽、描写逼真、情景交融，可称赏月佳作。

清光绪十一年（1885），诗人黄遵宪从中国驻美国总领事职务离任，乘船从旧金山从返回，中秋之夜正在浩渺无边的太平洋上，一边赏月，一边思乡之情如潮，写下长诗《八月十五夜太平洋舟中望月作歌》，共五十余句，其篇幅之长在赏月诗中是少见的。

各地赏月风俗与赏月胜景

总体上来看，明清以后，中秋赏月习俗衰减了，以至于我们说起中秋节的风俗习惯，主要就是亲友团聚和吃月饼，其他习俗一般都提不到。但是这并不意味着赏月活动从中秋节习俗中完全消失了。在不少地方，特别是在一些月色极美的风景区，赏月还是很有声势的节俗活动。

关于国内赏月胜景，有"十大赏月胜地"的说法，不过并无定论。其中一个版本的十大赏月胜地为：

二泉映月——在江苏无锡惠山山麓。

三潭印月——在杭州西湖。

二十四桥明月——在扬州。

三江映双月——在四川宜宾市的"三江口"。

平湖秋月——在杭州西湖白堤西端。

月照松林——在江西庐山牯牛岭。

〔宋〕叶肖岩《西湖十景图·平湖秋月》

石湖串月——在苏州西南湖上。

太清水月——在青岛崂山太清宫。

象鼻山夜月——在广西桂林象鼻山。

三月共赏——在苏州网师园的"月到风来亭"。[1]

1　北青《中秋：国内十大赏月胜地》，载《江门日报》2005年9月14日。

另一个版本的十大赏月胜地为：

庐山的沐月——浪漫胜地，即"月照松林"之景。

扬州的"二十四桥明月"——诗意胜地。

桂林的三月——观景胜地。

青岛的"太清水月"——意境胜地。

大理的"访月"——与苍山雪景相映成趣，人称"银
苍玉洱"。

宜宾的"三江映双月"——异象胜地。

兰州的冷月——幽思胜地。

杭州的水月——玩月胜地，包括"三潭印月""平
湖秋月"。

三亚的"天涯明月"——传说胜地，在三亚市的
鹿回头山顶公园。

黄山的"仙月"——静心胜地。[1]

1　王立莉《八月十五中秋节——国内十大赏月胜地》，载《京华时报》2003
　　年9月5日。

下面我们来看几个地方的赏月习俗与胜景。

苏州的"石湖串月"

过去苏州一带有中秋走月亮的习俗。在月圆之夜，妇女们盛装外出，或互相串门，或月下戏耍，或去闹市寺院游逛，或观看文艺演出，往往走到深夜方归。苏州中秋节俗中最有名的是"石湖串月"。

石湖是太湖的支流，在苏州城西南十八里处，西邻上方山。石湖边上有座行春桥，有九个环洞。据说在农历八月十八前后，夜晚能看到水面上有一串月亮，这就是"石湖串月"。清代顾禄《清嘉录》如此描述这一风景："八月十八日，月光初起，入桥洞中，其影如串。"据这本书的说法，石湖串月是八月十八夜，月亮刚升起的时候，月光透过桥洞投射到水面上的一串月影。因为桥洞是圆形的，那透过桥洞投射到水面上的九个圆形的月光斑圈就像一串月亮一样。这只是个形容性的说法。但是后来人们传成能在这里的水面上看到一串月亮，就使石湖月色带有很大的传奇性，引起人们来这里看月色奇景的浓厚兴趣。不只是苏州人，甚至无锡、常熟、吴江等地的人也赶来看。

看串月的时间，在八月十六到八月十九之间，以八月十八最盛。具体时刻，有明月初起和夜半两种说法。地点在行春桥附近。也有的说，要从上方山山顶的望湖亭往下看才能见到。每年八月十八前后，石湖岸边、上方山上，游人如织，水面上也是小舟如梭。有赏月的，有上香的，有爬山的，有唱歌的，有吹箫的，热闹非常，成为苏州全城人的欢庆活动。

清代诗人蔡云赋诗描述这一夜景：

行春桥畔画桡停，十里秋光红蓼汀。

夜半潮生看串月，几人醉倚望河亭。

清代诗人沈朝初也有一首《忆江南》词吟咏此景：

苏州好，串月有长桥。桥影重重湖面阔，月亮片片桂轮高，此夜爱吹箫。

关于石湖串月的记载最早出现于明代洪武年间刊行的卢熊《苏州府志》："十八日昏时，登楞伽山（上方山）望湖亭，士女为看串月之游。"清楚地说明，明代已有了观看石湖串月的习俗。这一习俗的出现跟明清时期上方山上的庙会有根本的关联。明代的上方山上有座五通神庙，民间传说八月十七是五通神的生日，故在这天苏州一带许多人都来此上香，并有文艺、武术表演等，形成庙会。由于此时正值中秋月圆之时，在景色秀丽的石湖一带游玩赏月也是自然而然的，在此基础上就出现了石湖串月的传说。明代上方山香火极盛，到清代康熙年间，五通神庙被官府拆除，庙会逐渐消失，但是八月十八前后在石湖、上方山集会、游玩、赏月的习俗仍保留了下来。

在传说里，石湖串月就是能看到一串月亮，每个桥孔中都有一个月亮，甚至说就像一串糖葫芦一样。这一奇景被传成实实在在的景色，一般人都信以为真，但是在这一带生活的人，都说自己没看到过一串月亮。其实早在清代，就有人怀疑这种说法。清初诗人徐崧说串月之景"试问游船都不知"。诗人徐士宏的《吴中竹枝词》说："秋风十里绿蒲生，串月看来虚有名。"尽管看不到实实在在的串月奇景，民众还是每年都兴致勃勃地赶来看串月，其实串月传说只是为这一集会赏月习俗增加了传奇性、趣味性和浪漫色彩，至于是不是真的能看到并不重要。人们愿意保持这种想象和期待。也有人解释说，串月要在特定的时间特定的地点才能看到，甚至说不是谁都能看到的，要有福的人才能见到。不管怎样，看石湖串月的习俗成为一项远近闻名的赏月习俗，更有人将苏州的"石湖串月"与北京的"卢沟晓月"、杭州的"三潭印月"、太湖的"石公秋月"相提并论，列为我国"四大月景"。

苏州还有一处赏月的好去处是澹台湖畔的宝带桥。这座桥有五十三孔，传说中秋月明之夜，每个桥孔中都能变幻出一个月亮，就是有五十三个月亮；也有人将之与"石湖串月"放在一起，说在高处能看到两座桥下有六十二个月亮。不过，"宝带桥串月"并不是很有名。

桂林的"象山水月"

象鼻山是桂林的象征，位于城南桃花江与漓江的交汇处，整座山远看像一头巨象，象鼻垂入水中，像是巨象吸水。象鼻与象身之间有一个东西通透的圆形洞孔，犹如水面上树立起一轮明月，故名"水月洞"，是桂林山水的一大奇景。洞底有漓江流贯其间，可乘小舟从洞中穿越而过。中秋月明之夜，在水月洞一带泛舟，空中月轮、水中月影与如月山洞相谐成趣，的确是赏月的上佳去处。宋代蓟北处士有《和水月洞韵》诗："水底有明月，水上明月浮；水流月不去，月去水还流。"就是描写这一浑然天成的月夜奇观。

西湖月景

杭州中秋赏月有个自古闻名的好去处——西湖。明代就有了中秋夜到西湖观赏月色、游玩娱乐的习俗。田汝成《西湖游览志余》卷二十"熙朝乐事"中说："是夕，人家有赏月之燕

湛净空源印
满轮今明三
塔是三分禅
宗溪许添公
棠菊叔優曇
积至因
右题三潭印月
偶筆

〔清〕董邦达《三潭印月轴》

（宴）……苏堤之上，联袂踏歌，无异白日。"西湖十景中有三个是月景："平湖秋月""三潭印月""月岩望月"，可见西湖赏月风俗之盛。

平湖秋月以景观广阔取胜。中秋之夜，明月朗照，微风送爽，万顷平湖像蒙上一层银白的面纱，现出柔美旖旎的万种风情。漫步于湖边、苏堤，或泛舟湖上，无不使人心旷神怡。

月岩望月之景要在湖边凤凰山上得之。山上有一石壁名"月岩"，岩壁有一个圆孔。月光穿过圆孔，投射到湖面上，形成空中、岩上、水面各有一轮圆月的奇景。

三潭印月更是一个专以月景出名的地方。三潭印月又称小瀛洲，是位于外西湖偏南湖面上的一个人工岛，面积约7万平方米。岛的西南方不远处的水面上，竖立着三个高约2米的白色石塔。石塔的结构可分为四部分：最下面是底座，水面上露出一小部分雕有花纹的圆柱形底座；底座之上是圆球形塔身主体，球体中空，上有五个洞孔；圆球之上是一个形似圆亭的部分；圆亭之上是塔尖，呈葫芦形。

三潭印月岛的前身是后晋天福年间所建的水心保宁寺遗址。北宋时期苏东坡在杭州为官，组织疏浚西湖，建了这三座石塔。但建塔的主要目的并不是为了好看，而是为了树立标志，告诫众人：为防止西湖淤塞，不准在三塔之内的湖区种植菱藕。后来人们在西湖泛舟赏月，发现石塔倒映水中，好像塔下有深潭，潭中有月亮，成为赏月胜地，"三潭映月"的名声就传开了。传说清代康熙皇帝也来此赏月，将三潭映月改为"三潭印月"，从此该景声名远播。所以三潭印月岛是以三塔处的月景来命名的。"三潭印月"既指岛名，也指石塔月景名。北宋所建的三塔毁于元代。明代万历三十五年（1607），钱塘县令聂心汤令人围绕原湖心寺遗址，用疏浚西湖的淤泥堆筑了环形堤坝，围成岛基，堤坝内圈有湖水，基本形成了"湖中有岛，岛中有湖"的格局，并且在塔基之上按原貌修复了三座石塔。明代重建旧景，已有了中秋之夜观赏三潭印月的习俗，明代张宁诗为证："片月生沧海，三潭处处明。夜船歌舞处，人在镜中行。"这首诗写出了中秋月明之夜的华丽热闹场景：在石塔的球体洞孔内放置灯烛，将洞口用薄纸蒙住。灯光外透，明亮的洞孔就像圆月一般，每个塔上就像有五个小月亮。如此，空中月，塔中月，水中月，交相辉映，与宽阔的湖面、影影绰绰的瀛岛，构成一幅和谐柔美的画面，确似人间仙境。水上小舟往来、歌舞升平，文人墨客、对月吟诵，一派江南旖旎风光。清代雍正年间，在浙江巡抚李卫主持下，人们在岛内沿东西向造柳堤，在南北向造曲桥，堤桥相交成十字，加上周围的堤坝，全岛就呈现今天的"田"字形状。岛的南沿有"我心相印"亭，可就近观赏三塔，现亭内立有一块刻着"三潭印月"的石碑。

"月城" 西昌

四川省凉山彝族自治州首府西昌是著名的航天城、卫星城，又有"月城"的别名。这里常年万里无云，空气能见度很高，除了阴天，有月亮的晚上月光都是明明地朗照的。此地有谚语说："清风雅雨建昌月。""清风雅雨"指清溪古城的劲风、以秀雨闻名的雅安城，"建昌月"就是指西昌月色。因为有"月城"的美名和名副其实的好月色，中秋之夜的赏月活动是西昌人的重要节俗。

上海的"石梁夜月"

上海的乡村中秋节时还要祭祖，几家合起来祭祀，被称作"青苗会"。晚饭后许多人出游、赏月，被称作"走月亮"。妇女们结伴到寺庙、夜市游玩，被称作"踏月"。妇女踏月要走过至少三座桥，被称作"走三桥"。赏月的地方有名的是"石梁夜月"，是"沪城八景"之一，在上海小东门外的陆家石桥，可观赏月影在水中荡漾的美景。明清以来即有此俗，不过现在环境已非当年模样，这款月景已经不再，只留下"石梁夜月"的清丽闲适的乐曲。也有不少人到外滩赏月，在这里可以见到宽阔的黄浦江里倒映出圆月和江边灯火闪烁的高楼大厦，很有现代气息。

〔清〕陈枚《月曼清游图·琼台玩月》

海南的海上明月

在海南岛，人们在中秋之夜纷纷走出家门，来到草地上或海滩上赏月。海上明月是海南中秋的盛景。海口、三亚等城市还举办大型的庆中秋文艺晚会。

中国香港的"追月"

香港地区有"追月"之俗。所谓"追月"，就是八月十六再行赏月。清代陈子厚的《岭南杂事诗钞笺证》记载："粤中好事者，于八月十六日夜，集亲朋治酒肴赏月，谓之追月。"此俗在广东一度废弃，只在香港地区保留下来。这晚，许多人带着彩灯、帐篷，准备了美酒佳肴，到户外赏月、拜月、聚谈。近年来，十六追月之风开始向珠江三角洲蔓延。[1]

中国台湾的烤肉赏月

台湾地区的中秋节很重视赏月，可谓"古风犹存"。中

---

[1] 叶春生《香港中秋"追月"》，见刘志文主编《广东民俗大观》，广东旅游出版社1993年版，上卷，625页。

秋之夜人们来到户外，赏月、烤肉、游玩，或参加晚会、观看演出。

台南市安平港环港步道建有观夕平台，在这里可以观夕阳、看星星、听涛声，"安平夕照"是八景之一。中秋前几天还设专人为游人讲星象，中秋之夜可以通过天文望远镜更清楚地看到月球表面。

中秋拜月

讲中秋节俗，不能不提到拜月。在现代社会，拜月只是少数还保留着传统生活习惯的人才做的事。照现代人看来，拜月是一种不合时宜的"迷信"活动。但是从民俗学的观点来看，这只是古老风俗在现代社会的遗留，从中可以看到我们的过去，看到我们的文化传统的一部分。我们要了解历史文化，了解我们的祖先是怎样过中秋的，就不能简单地否定这种民俗信仰活动，就要了解这种节俗的来龙去脉。

　　自明清以来的数百年间，拜月一直是中秋节俗的主要部分之一。但是拜月并不只是在中秋节期间才进行，过去其他时间里也有拜月活动；而且，远在中秋节还没形成的远古时期，拜月的观念与行为就已经有了。所以要从本质上明白拜月这种行为，还有必要追溯一下远古人类的生活与思维方式。

中秋拜月的源头

对月亮的崇拜是古人自然崇拜的一部分。在人类社会早期，人们由于不能征服和支配自然，生活水平极低，自身安全经常受到自然灾害、猛兽和疾病等的威胁，也不能科学地认识自然现象，就产生了对自然物和自然力的原始崇拜，这就是自然崇拜。这种信仰认为某些自然物和自然现象具有生命、意志和神奇的能力，因而将自然事物如太阳、月亮、大地、石头等作为崇拜的对象，祈求它们的保佑和关照。在原始人的生活中，对他们影响最大的自然现象是日月运行、风雨雷电等。日月崇拜在他们的崇拜体系中占有显著的位置。在古人看来，太阳给大地带来光明和生长的动力，月亮则在晚上给人们送来光亮和慰藉，所以在天体星象崇拜中对月亮的崇拜仅次于太阳。

神话是伴随着自然崇拜和万物有灵的观念产生的。几万年前的原始人类对客观世界的一切变化都感到惊诧和好奇，对无法控制、难以适应的自然力感到敬畏，对人的生老病死也不理解，自然要迫切地解释这一切。那么，原始人是怎样解释客观世界的呢？因为文明程度有限，远古初民作为"万物灵长"的地位还未确立，自身跟自然界的区分还不清楚，以为自然万物也有跟自己一样或相似的生命和意识，于是就"同化"或"人格化"自然界，将万物想象成与自己一样可以感知、思想和行动的生命体，这样，想象出来的自然物的活动便呈现出人间生活的图景，自然物之间的关系在故事里也变成人与人的关系，也有喜怒哀乐，也要言行坐卧，也有夫妻、父子、母子等亲属关系。另一方面，自然界表现出人所不能左右的巨大威力，并且常给人造成灾难和威胁。人在自然伟力面前感到渺小，就生出对自然力的敬畏和崇拜，并进而把自然力人格化、偶像化，以为有各种本领超常的神灵掌握着各种自然现象，并想象出神灵在活动的神奇情节：太阳的运行是太阳神骑着乌鸦在天上穿行，大旱时就是十日并出；巨大的雷声是雷神发出怒吼，或用槌子敲着他的肚皮；刮风是风神张开了她装满了大风的口袋；地震是由于驮着大地的鳌要换肩；天上绚丽的彩虹、云霞是女娲用彩石补天造成的……这些都是人类出于好奇和敬畏而对自然界的解释。神话虽然在原始人那里是一种自然本真的思维活动，但是这种思维的方式和内容在无意于浪漫的同时也演绎出浪漫的极致。它的幻想是那样丰富、神奇、无拘无束，它的思想、情感是那样昂扬向上、热情奔放，它无论在思想资源、题材资源还是在艺术形式资源方面都是为后世浪漫主义文学创作提供蓝本和借鉴的永恒的宝库。

〔明〕陶成 《蟾宫月兔图》

《山海经》就记载了我国古代民众早期的月亮神话，把月亮想象成一家人，月母常羲带着十二个小月亮一起生活，并且记载了月母给十二个小月亮洗澡的情形。另外还有月中有蟾蜍或玉兔的神话、嫦娥奔月神话等。这些神话的讲述与传播是与月亮崇拜联系在一起相辅相成的。古人有对月亮的崇拜，就会把月亮神化，编出以月神为主角的故事；而月亮神话的传播，也维系、强化着对月亮的崇拜。

由自然崇拜再发展一步，人类又产生了对灵魂或精灵的信仰，认为自然界的所有事物包括日月星辰、风雨雷电、动物植物、大地山河以及人类自身都是有灵魂的，灵魂可以脱离实体而独立存在。灵魂或精灵有超自然的能力，左右着客观世界的进程，而且它们是永远存在的，是不灭的，这种信仰叫作万物有灵观。这种观念的进一步发展导致鬼神观念的产生。后来人们相信人死后的灵魂居住在天堂或冥界，并有了祭祀去世的亲人等习俗，可以看作是在万物有灵观的基础上发展而来的观念。

开始原始人崇拜月亮自身，没有把月亮偶像化，崇拜的方式也很简单：直接对月跪拜礼敬，比如夜间走路看到月亮升起就停步磕头作揖，没有固定的场所和繁复的程序。逐渐地，人们对月亮的祭拜有了固定的场所、时间和程序，并且认为月亮是有灵魂或精灵的，月精是一只蟾蜍或一只兔子，后来又把她偶像化，认为月神是仙女嫦娥。祭祀的时候还要供奉嫦娥、月宫或兔儿爷的图画。皇家的祭月仪式就更加复杂。

中秋节形成之前的祭月礼制

在中秋节形成之前，对月亮的崇拜当然不能说是中秋节的习俗。中秋节形成之后，由于它是以月亮为中心的节日，历史传承下来的月亮神话与拜月习惯自然就被整合到中秋节俗之中。也可以说，中秋节成为月亮神话、拜月习俗的一个很有活力的载体，使它们更活跃，传承得更长久，并且随着社会生活的变化而生长或衰颓。同时，月亮神话与拜月习俗也丰富了中秋节的内容。

上古时期，随着社会生活的发展，对日月的随意性跪拜演变为有固定的时间、地点和程序的制度化祭祀。对此较为确切的记载出现于周代。

古者先王既有天下，又崇立于上帝、神明而敬事之，于是乎有朝日、夕月以教民事君。（《国语·周语上》）

这段文字本没有明确是在秋季祭月，但一般认为"朝日"就是春分的早晨祭日，"夕月"就是秋分的傍晚祭月。三国时代的韦昭注释上文中的"朝日夕月"说:"以春分朝日,秋分夕月,拜日于东门之外,然则夕月在西门之外也。"他说春分拜日在东门以外,这是由于在东门可以礼迎日出;月亮从西方升起,所以秋分在西门外拜月。《礼记·礼器》中有"为朝夕必放(仿)于日月"一句,唐代孔颖达对其中"朝日夕月"解释得很清楚:在东方祭日和在西方祭月是仿照日出和月出的方位来定的,也明确夕月是在秋分进行。《周礼·春官·典瑞》中有"朝日"的话,东汉郑玄注释说:"天子当春分朝日,秋分夕月。"春分、秋分是昼夜平分的日子,古人认为这时祭祀日月有特别的意义,确定在这两天分头举行祭祀日月的郑重典礼。此后各朝代也大都沿袭了朝日夕月的制度。

祭月的场所与祭日有所不同。《礼记·祭义》说:"祭日于坛,祭月于坎。"坛是用土石堆砌成的高出地面的台子,即《礼记·祭法》所说"封土为坛"。坎是在地上挖出的大平坑,即《礼记·祭法》所说"掘地为坎"。为了表示郑重,也可在坎中再筑坛。坛与坎是相对的,坛高起为阳,坎低陷为阴。祭日与祭月的场所分别体现了日为阳、月为阴的观念。明代嘉靖九年(1530)建起夕月坛(月坛),清代沿用。

在别的日子里,皇帝也有祭祀月亮的活动,如在立春、立夏、立秋、立冬进行的四时迎气祭典,也配祀月亮,但一般不是定时定点地专祀月亮。上古民间祭月本无固定的日期,皇家

夕月壇　秋分日祭　酉時祭　致齋二日連祭日算

樂章南呂　宮為

仲呂調起

簫譜二各章皆除而不用頭一字末一字用佽字皆係單註簫譜仅伍

笛譜二各章皆除而不用頭一字末一字用仕字皆係仅伍

迎神禮

夕月坛即月坛，是明清两代帝
王祭祀月神的地方。
图为清代《坛庙祭祀节次》中
关于月坛祭祀的记载

祭月大典安排在秋季，这就使祭月与秋季联系起来。普通民众当然不能参加皇家祭月典礼，但是天子的行为为全国人所瞩目，对民众的观念和习俗会有一定影响。秋分在公历 9 月 23 日或 24 日，是农历八月的中期。但是它在农历八月的日期是不固定的，有时处在月初或月末，不一定是月圆的日子，如 2006 年的秋分是农历八月初二，根本见不到月亮。祭月而不在月圆之时或见不到月亮，未免令人感到缺憾。所以，后来民间在八月十五祭月是对秋分祭月的一种自然调整。[1]

　　到汉代，月亮崇拜基本为皇家垄断，从此以后直到唐代，极少见到普通民众拜月的记载。唐宋时期有一些民间拜月的记录，但并不兴盛，也没有明显地被结合到中秋节习俗中来。到了明朝，才明确出现了中秋节拜月的较多记载，而且明清时期拜月基本取代赏月成为中秋习俗的重要内容。

中秋拜月习俗的历史变迁

　　唐代初步形成了中秋节，但是这时候人们过中秋主要是饮酒赏月，没见到关于中秋拜月的记载。

　　宋代中秋节有了拜月的民间习俗，不过当时的拜月在中秋节俗中并不重要，也不普遍，仪式远不如后世郑重。根据目前所见资料，宋代拜月主要是少男少女对月祝祷、许愿。据宋代金盈之所写的《新编醉翁谈录》卷四《八月》记载：

　　　　中秋，京师赏月之会，异于他郡。倾城人家子女，

　　　不以贫富，自能行至十二三，皆以成人之服饰之，登

　　　楼或于中庭焚香拜月，各有所期：男则愿早步蟾宫，

中
秋

128

1　杨琳《中国传统节日文化》，宗教文化出版社2000年版，第325页。

高攀仙桂……女则澹伫妆饰，则愿貌似嫦娥，员（圆）
如皓月。

　　当时有人作诗说："时人莫讶登科早，只为嫦娥爱少年。"
意思是说大家不要惊讶别人考取功名太早，那是因为嫦娥喜欢
少年。书里还记载了一个传说：战国时期，齐国有个叫无盐的
女子，是天下最丑的女人，因为幼年拜月，后来因德行好被选
入皇宫，但皇帝因为她貌丑，没有跟她同房。又一次，皇上在
赏月时看到她，见她姿色异常美丽，就很喜欢她、宠爱她，并
立她为皇后。宋代诗人刘辰翁《虞美人·壬午中秋雨后不见月》
词有"笑他拜月不曾圆"一句，是写中秋节下雨，雨后天上阴
云不散，看不到月亮，儿女要拜月而不能。按以上记载，宋时
祭月与后世颇有不同，一是拜月者是少男少女，明清以后男不
拜月，而拜月者以成年妇女为主；二是这时拜月仪式比较简略，
没有准备食物作供品。而且拜月是在赏月活动中发生的，不是
像后世那样有专门的拜月仪式，也不是各地普遍都搞的仪式。[1]
　　宋代拜月没有见到婚后妇女祈子的记载，但是宋时金盈之
《新编醉翁谈录》里有这样的话："旧传是夜月色明朗，则兔
弄影而孕，生子必多，海滨老蚌吐纳月影，则多产明珠，比明

---

[1]　黄涛《中秋节》，中国社会出版社2006年版，第35、61页。

〔宋〕佚名《拜月图》

年采珠捕兔者，卜此夕为验。"说那些养兔采珠的人，在这天晚上占卜，很灵验：兔子在月光下玩耍而受孕，将来一定生很多小兔子；海滨老蚌在月影下张合吐纳，就能产很多明珠。这里也是说月神主生殖的意思，不过没说主管人的生育，而是管兔子和蚌的生育，这可能是因为月中有玉兔的传说和圆月如明珠的缘故。

明代拜月在中秋节俗中所占的位置有了大幅提升，同时赏月习俗衰退了。在明代刘侗、于奕正所著的记述当时北京风俗的《帝京景物略》里有对中秋节的大段描述，其中没有对赏月的记载，取而代之的是对祭月的详细记载。可以说，拜月祈福是明清时期中秋最隆重的内容。《帝京景物略》对中秋是这样描述的：

> 八月十五日祭月，其祭果饼必圆；分瓜必牙错瓣刻之，如莲华。纸肆市月光纸，缋满月像，趺坐莲华者，月光遍照菩萨也。华下月轮桂殿，有兔杵而人立，捣药臼中。纸小者三寸，大者丈，致工者金碧缤纷。家设月光位，于月所出方，向月供而拜，则焚月光纸，撤所供，散家之人必遍。月饼月果，戚属馈相报，饼有径二尺者。女归宁，是日必返其夫家，曰团圆节也。

这是该书中记述中秋的完整内容。大意是：八月十五日祭月，用来祭祀的瓜果、月饼一定是圆的。西瓜要切成犬牙交错的莲花形状。从街面纸铺里买的月光纸，上面画着满月像，有月光菩萨盘腿坐在莲花上。莲花下面是月宫，里面一个玉兔拿着药杵像人一样站着捣药。月光纸小的高三寸，大的有一丈高。有的月光纸非常精致，金光灿烂，五彩缤纷。在家院里摆设月光牌位，冲着月亮出来的方向上供、叩拜，然后烧掉月光纸，撤了供品，并把供品分给家里每一个人。亲戚之间互相赠送月饼和瓜果。有的月饼很大，直径达二尺。中秋前已婚妇女有回娘家的，八月十五这天一定要回到丈夫家，叫作团圆节。这段所写中秋习俗的中心内容是祭祀月光神，其次是家人团圆、吃月饼瓜果，再次是亲友互赠月饼瓜果。

清代沿袭明代习俗，中秋拜月习俗更加兴盛，而赏月习俗更为少见。这种状况一直保持到近代。随着近代科学思想的普及，拜月被视为迷信落后行为，在城市里销声匿迹，在乡村一些地方还有遗风。

各地有特色的拜月习俗

一般来说，拜月就是对月神的礼敬，可以在月光下摆上供品直接敬奉月亮，也可以摆上"月光马儿"，向月光马儿上的神像祭拜。拜月者大多是向月神做些一般内容的祷告，也有些地方风行拜月时进行祈子、占卜等固定性、专门性的活动。民间有"男不拜月，女不祭灶"之说。

中秋拜月虽有成规，但是各地做法有别，形成各自的特色习俗，下面略举几例。

北京的兔儿爷

前面已说过，玉兔在汉代传说中进入月宫，成为月精或者嫦娥的侍者、宠物。在民众眼里，因为玉兔是在月宫仙境里，又有捣药治病的职能，跟寻常的兔子是不可同日而语的，所以对月中玉兔就有了崇拜之情。因为月神嫦娥为女性，明清以后，社会上出于父权文化观念，不大习惯拜女神，渐渐地作为男性的玉兔形象就变得突出，有时就出现在月光马儿上最显要的位置，俨然取代嫦娥成为月神接受人们的礼拜了。人们把玉兔塑造成一位可爱又威武的将军形象，深得孩子的喜爱，于是兔儿爷就成为兼神像与玩具于一体的形象。

因为兔儿爷的出现源自人们把玉兔当作月神来拜，拜兔儿爷也就是拜月神，所以拜兔儿爷、玩兔儿爷也算是拜月习俗的一种，而且是很有特色的一种，以旧时的京城最为典型和兴盛。

在老人们的记忆中，兔儿爷主要是中秋节期间给孩子们玩耍娱乐的一种泥塑玩具。其形状是人形而有兔嘴兔耳。头上竖两只长耳朵，嘴是三瓣的兔子嘴，其他地方跟人没什么区别。环形大眼，三角眉，面色粉白，染着粉红色的脸蛋，表情童稚又透着一股英气、机灵劲儿，非常可爱。典型的或者说正统的兔儿爷是一身武将打扮：身披金盔金甲、大红战袍，大的背后插一把伞盖，小的背插两面护背旗，手上拿着刀，或左手托臼，右手持杵，或怀中抱杵，或手中什么也不拿。有些兔儿爷还有坐骑，如黑虎、白象、狮子、麒麟、骆驼、孔雀、凤、鹤、鹿、马、牛等。乍一看，是员威风凛凛的武将，细打量，却是温顺稚气的兔嘴孩童。

除了武将造型的兔儿爷，还有生活型、穿日常服装的，做成挑担的、磨刀的、闲坐的等市井百态，也还是兔面人形。还有一种是兔儿奶奶，模仿妇女的时装、神态，梳着当时流行的发髻，跟兔儿爷配对成双。还有一种呱嗒嘴的兔儿爷，上唇是活动的，中间系着线，一拽嘴就动，嘴内是空的。有的是两臂上有提线，线一牵，手臂上下移动，像是捣药的样子。另有一种是在某种生活场景中的一群兔儿爷。据启功先生讲："还有些兔儿爷并非冠冕堂皇的样子，有一种一尺大小的玩具，是搭成葡萄架的样子，或者是天棚茶座样子。架子下有小桌子椅子什么的，好些小小白兔子，都寸来高。兔客人进来坐在桌子边，兔小二过来给倒水，兔掌柜的在另一边拨算盘。那一屋子里的泥塑小白兔儿全没有穿衣

兔儿爷

服，耳朵特别长，好玩得很。"¹大的兔儿爷有三尺高，买后得两人抬着弄回家；中等的有一尺多高，可以抱着走；小的高几寸，托在手里就行。

兔儿爷一般是用模子翻塑出来的：先把黏土和着纸浆拌匀，填入模子里，模子分成正面和背面两部分。等泥料八九分干时取出来，把前后两半泥像粘在一起，配上俩犄角。泥像全干时，给它身上刷一层胶水，然后再用彩色的颜料描画。²

1　钟少华《"我投兔儿爷一票"》，载《中华读书报》2004年6月11日。

2　常人春《兔儿爷》，见《老北京的风情》，北京出版社2001年版，第271页。

现在寻常市面上已见不到兔儿爷的踪影，只是作为民俗文物在民俗博物馆之类的地方展览，或者在工艺品商店里出售。年轻人对它所知不多，而老人提起它来就津津乐道。启功先生讲："我小时候就喜欢兔儿爷。我小的时候，老长亲舅姥姥送给我好大一个兔儿爷，比床高，有一米高，我一直很喜欢。后来逛东安市场，里面整条街的两旁，八月中秋节前后，每个店铺都摆满了大大小小的兔儿爷，好讲究啊。"[1]在老人的记忆中，民国时期的北京城，兔儿爷与月饼是中秋节不可缺少的两样东西，正像舒乙先生所说："童年的时候兔儿爷就是中秋节的象征，没有了兔儿爷好像就不是中秋节。孩子们都得买兔儿爷，大家都觉得要是连兔儿爷都不买那还怎么得了。"[2]不管穷富，每家都买兔儿爷。富人家就买大的，抬回家用水果、月饼供起来；穷人家买个小的，摆在家里图个祥和。那时，每到农历八月初，兔儿爷就开始上市，热闹一些的街巷都有卖的，特别是东安市场、前门、东四、西单等繁华区、庙会上，卖兔儿爷的更多。有的兔儿爷摊子，把大小不一的兔儿爷摆在楼梯式的货架上，大的摆上层，小的往下摆，称作"兔儿爷山"，诗

1　钟少华《"我投兔儿爷一票"》，载《中华读书报》2004年6月11日。

2　谢洋《老舍之子舒乙先生：怀念旧时满街兔儿爷的中秋节》，载《中国青年报》2004年9月30日。

里说得好："瞥眼忽惊佳节近，满街争摆兔儿山"。兔儿爷的销售，就在八月十五前的半月左右，过了中秋节，也就下市了。所以，说到底它还是个节令物品。

虽说兔儿爷是孩子过中秋的玩意儿，它还是跟普通的泥人玩具不同。就在民国时期，兔儿爷还有神像的性质，北京人有供奉兔儿爷的习惯。启功先生说：

记得小时，每年八月十五（阴历），月亮上来最圆最亮的时候，大家在院子里供兔儿爷。供品有藕和月饼，据说藕是准备给兔儿爷剔牙的，月饼是给吃的，象征团圆。可老规矩是只许女子上这份供。兔儿爷竖着长耳朵，咧着三瓣嘴，眼睛直盯盯看着大家，坐在供桌上面，一副憨厚又天真的神气样子……特别有一种是神的代表，叫作月光马儿。是用秫秸秆扎个架子，月光马儿就贴在上面，纸上印的是白兔子在月亮上拿着杵捣药图。这捣药的工作可是要求高啦，既要心地善良纯洁，又要精细劳动，频繁地重复同一操作，才能保证给人间送去灵药。这个马儿要背对着月光放，男孩子准看不准磕头，我小时候好奇尽看。那样真正供的兔儿爷，并没有金盔金甲，而是立着捣药忙着呢！这是古时候的人们对于自然现象不能解释清楚，用神说事儿。兔儿爷就是神的代表，神不代表那张画他的纸，那张纸可就代表神。[1]

就是说，那时北京人供的兔儿爷有两种，一种是泥像的，一种是纸上画的，后者又叫"兔儿爷马儿"，完全是神像。泥塑的兔儿爷从供桌上拿下来，就是小孩的玩具。不过还不是像对别的泥娃娃那么随便玩，是摆在桌上的，不致轻易摔碎。玩兔儿爷就是这样一种既哄小孩高兴又把它当神敬的习俗，这就是"寓尊天敬神于娱乐之中"。[2]当然也不是每家都搞供奉兔儿爷的仪式，有些人买回来摆着就是为了让小孩高兴，给家里增添喜庆氛围的，不过过节的时候也还是要小心地摆着，不能随便摔碎的，总是存了些恭敬之心。

兔儿爷的直接来历是明代初期月光纸上的玉兔捣药形象。那时人们供奉的主要是月光菩萨，玉兔只是月光菩萨宝座前的陪侍者，顶多是陪祭的。但在百姓看来，月光神前面的陪侍者也是神仙，而且它的职责是捣药，这就跟治病的大夫有联系了。现在还有这种民间传说，说过去在人间流行瘟疫的时候，月宫里的玉兔同情民间疾苦，就下凡给人看病，但是它那种兔子的模样把人都吓跑了。兔子不灰心，穿上人的衣服，变成人的样

1　钟少华《"我投兔儿爷一票"》，载《中华读书报》2004年6月11日。
2　常人春《兔儿爷》，见《老北京的风情》，北京出版社2001年版，271页。

子，拿着药杵给人看病。北京人爱吃的自来红、自来白月饼就是源于玉兔给人治病的红白药片。

明朝人们就开始单敬玉兔，渐渐兔子也能代表月神享受郑重的祭奠了。其实从更远古的时期来看，玉兔就曾经代替蟾蜍成为月神，后来才成为嫦娥身边的陪侍者。明代它又能偶尔享受月神的礼遇了。到明末，已经有了人形兔身的泥塑像了。邓云乡《燕京乡土记·岁时风物略下·中秋》引明代纪坤《花王阁剩稿》说："京师中秋节多以泥抟兔形，衣冠踞坐如人状，儿女祀而拜之。"这时兔子穿着人的衣服像人一样坐着，但是跟后来的兔儿爷还有些差距，还不是戏剧里的武将打扮，也还没被称为"爷"；同时也主要是被当作神敬着，没有玩具的性质。

到了清代，它就成了既享香火又供玩赏的集神、兽、人为一体的泥偶了。清代潘荣陛《帝京岁时纪胜·彩兔》中说："京师以黄沙土作白玉兔，饰以五彩妆颜，千奇百状，集聚天街月下，市而易之。"各种各样的彩色泥兔像，摆在街市上，人们竞相购买，这跟后来的玩兔儿爷的盛况差不多了。清代蒋士铨的诗《京师乐府词·兔儿爷》说得更明白：

月中不闻杵臼声，捣药使者功暂停。

酬庸特许享时祭，抟泥范作千万形。

居然人身兔斯首，担头争买兔儿爷。

长须缺口供玩弄，可惜官人无角牙。

这时它已经被称为"兔儿爷"了。清代富察敦崇《燕京岁时记·兔儿爷摊子》："每届中秋，市人之巧者用黄土抟成蟾兔之像以出售，谓之兔儿爷。有衣冠而张盖者，有甲胄而带纛旗者，有骑虎者，有默坐者。大者三尺，小者尺余。其余匠艺工人无美不备，盖亦谑而虐矣。"这一记载跟后来的玩兔儿爷习俗没什么差别了。清代栎翁曾写《兔儿爷》一诗：

团圆佳节庆家家，笑语中庭荐果瓜。

药窃羿妻偏称寡，金涂狡兔竟呼爷。

秋风月窟营天上，凉夜蟾光映水涯。

惯与儿童为戏具，印泥糊纸又抟沙。

这首诗对兔儿爷的恭敬之情比明代淡了许多，称之为"金涂狡兔"，并明确点出兔儿爷就是儿童的玩具了。

至于清代兔儿爷何时成了戏剧武将打扮的，没有确切记载。民间传说，这种兔儿爷最早是由太庙里的俩太监做的。光绪年间，有看守太庙的姓讷和姓塔的两个旗人太监，平时工作清闲，很喜欢兔儿爷，照着京剧里武将的样子，用黄泥捏出了人形兔首、金甲红袍的偶像，后来流传社会，经不断改进，成为典型的兔儿爷的样子。

兔儿爷是一种有北京特色的节令吉祥物。老北京人没有不喜欢兔儿爷的。当年征集 2008 年北京奥运会吉祥物方案时，北京民俗学界就提出兔儿爷作为吉祥物参选，并且在上万个参选方案中成为热门的候选者。虽然最后没能入选，但是从社会反响看，兔儿爷是很有人气的。它在某种程度上成为北京文化的一种别致的代表。

不只是北京人才拜玉兔，也不是只有北京人才喜欢玩兔子的泥塑像，但是，北京的兔儿爷的确有特色，它那京剧武将造型，它那神态打扮，它在北京人心目中的显赫位置和在中秋节俗中的重要角色，都是有鲜明的京城地方烙印的。特别是那"爷"的称呼，把兔儿爷的北京味儿集中地代表了。"爷"是北京人对男人的敬称，社交场合临时称呼别人"爷"，那是一种客套。但是如果大家平时都习惯在某人的名字后加个"爷"字，那么这个人肯定是个很受大家尊崇的腕儿，也就是民间权威。把兔子称为"爷"，表示了北京人对玉兔的尊敬，不再只把它当作一个小动物看待，而是当作受人景仰的神物来敬重；同时，又不是高高在上、拒人于千里之外的神，它是"爷"，"爷"虽然是个腕儿，但还是立足于人群之中的，跟大家有密切关系的人物，这就体现出北京人对兔儿爷的亲近喜爱的感情。所以一个"兔儿爷"的称呼，透出北京人对这种偶像的感情和态度，那是一种京味儿。北京话里还有一些以兔儿爷为话题的歇后语，如：

兔儿爷戴胡子——假充老人

兔儿爷拿大顶——窝犄角

兔儿爷掏耳朵——崴泥

兔儿爷打架——散摊子

兔儿爷洗澡——一摊泥

兔儿爷拍胸口——没心没肺

　　这是拿兔儿爷开玩笑了。这表现出，兔儿爷虽然是受人敬重的神像，但又是儿童把玩的玩具，并没有神圣不可冒犯的威严。这种玩笑也体现出一种京味儿幽默。天津人称之为"兔二爷"，山东人称之为"兔子王"，那就有另外的风味。另外，从工艺角度看，北京的兔儿爷也的确好于其他地方的玉兔塑像。老舍先生在 20 世纪 30 年代末所写的《兔儿爷》一文中说："稍为熟习的只有北方几座城：北平，天津，济南和青岛。在这四个名城里，一到中秋，街上便摆出兔儿爷来——就是山东人称为兔子王的泥人。兔儿爷或兔子王都是泥作的。兔

脸人身，有的背后还插上纸旗，头上罩着纸伞。种类多，作工
细，要算北平。山东的兔子王样式既少，手工也很糙。"

山东的拜月、唱月

旧时，山东兴拜月。如千年古城、又有"江北水城"之称
的山东聊城，中秋节称"八月十五"。这天，儿孙们团聚到老
人身边吃晚饭，在外乡的也都赶回家过节。中秋之夜赏月、吃
月饼。中秋前后亲友间互相走动、送月饼。已出嫁的妇女在八
月十六回娘家，所谓"十五的月亮十六圆"。月亮升起时，在
院子里挂月光马子，上面印有嫦娥奔月样的神像，称作太阴星
君，下面有一个小兔。供品除月饼、水果外，还要供一捆或一
碗青豆，是给玉兔吃的。当地也有玩兔儿爷的习俗。在香案前
拜月的都是妇女。老太太一边磕头，一边念叨："八月十五月
正圆，月饼西瓜敬老天，敬得老天心欢喜，一年四季保平安。"
姑娘们自设月光马儿拜月。现今此俗已不见。

潍县（潍坊旧称）的拜月，大人和小孩分开进行，大人在
院里，小孩在门外。孩子们在门外板凳上放个"月儿"，一个
孩子手托"月鼓"（与"月儿"同为蒸制的面食），手臂绕着
圆圈，边绕边唱："圆月了，圆月了，一斗麦子一个了！"另
一个孩子手持一棵点燃的麦蒿，叫作"蒿子灯"，手臂也绕着，

火点晃动如流星，与臂绕圆月者相应和。拜月之后，再吃月饼赏月。赏月在一些地方叫"圆月"或"玩月"。有些地方玩月时招集乡邻或朋友共饮到深夜，甚至通宵达旦。读书人聚会赏月时，常赋诗作对。因中秋是"人节"，一般不上坟祭祖，但诸城、临沂和即墨等地也上坟祭祖。[1]

山东潍坊有中秋唱月以祈求来年丰收的习俗。晚上，小孩们拿着买来的月饼或自制的圆饼，在门口、街巷里边走边唱："唱月来，唱月来，来年的日子好过来！""唱月饼，念月饼，明年是个好光景！"

在济宁，中秋节这天，晚饭要吃得很丰盛。饭后，在院子里摆上供桌，放上月饼、瓜枣梨桃之类的吃食，烧香拜月，也叫"庆丰收"。家人一起在院子里赏月、吃月饼。这里还有一个独特的习俗，青年男女恋爱，男方想向女方提亲，就在八月十五这天提着一只大公鸡，还有月饼、水果等东西，去女方家里探望。如果姑娘的父母同意这门亲事，就收下那只大公鸡；如果不同意，就把那只大公鸡扔出去。

1　山曼等《山东民俗》，山东友谊书社1988年版，第46页。

江苏的烧斗香、斋月亮

"斋月亮"是江浙一带的传统习俗。在门前放一张小桌子，上面用簸箕或席子盛着月饼、菱藕、水果等。苏州、无锡、常熟等地燃"斗香"（"香斗"）的习俗是很有特色的。

傍晚，月亮将出时，一些较为富裕的人家开始在门前或院中放置斗香。斗香的制作方法是：将许多根细香捆扎成圆柱形，作为底盘；再扎一个较小的圆柱，摞在底盘上，成为第二层；这样一层层摞上去，一般有六七层多，越往上香捆越细，整体上呈塔形，所以也叫塔香。两层中间地方用彩纸粘糊，起连接作用，同时每层粘糊的彩纸成圆斗形，把香捆围住，这样每层香燃烧时，香灰都落在斗内。彩纸上往往绘有图案。斗香的上部两边插两个小彩旗。这是各家自制的斗香。店铺里卖的斗香更精致些，一般外边用纱绢粘糊，上面有嫦娥、桂树、玉兔、月宫等图画。斗香高者有十六七层，甚至二十多层，将近一人高了。层数越多，底盘越粗，需要用的香数越多。无疑这是一种很奢侈的烧香方式，穷人家是不舍得这样做的。所以斗香搭得越高，表示越富有。烧斗香是旧时祭祀习俗，以清代为盛。以现代的眼光来看，烧香作为一种习俗性的纪念方式尚可，烧斗香则是一种不必要的比较浪费的做法，不值得效法。

广西毛南族的"射月亮"

广西西北部的毛南族有祭月占卜习俗，毛南话叫"乒年"，意思是"射月亮"。月亮升起时，毛南人在凉台上摆一张八仙桌，在桌边捆一根竹竿，竹竿的顶部是削尖的，插着一个柚子，柚子上插着三炷香。柚子和香对着月亮，就叫"射月亮"。请一个法童在桌前做请月神降临的仪式。人们围在法童身边对歌问答，直到天快亮才散。有些青年男女到小溪边去做"瞎角"，即请月神下凡问吉凶。[1]

广东的拜月娘

拜月娘，是妇女们在自家院子里摆上桌子，放上月饼、水果、云片糕等，再用红纸剪成各种吉祥物，贴在供品上，点上红蜡烛，烧上香，祭拜月亮。

五邑的拜月典礼很有特色。中秋之夜，各家的姑娘们在一起拜月。事先在一个宽阔的空地布置好拜月场。场地上按一定次序安放许多张桌子，桌子的侧面都有画着图案的纸桌围，桌上摆放

1　蒙国荣等编《毛南族风俗志》，中央民族大学出版社1988年版，第155页。

〔清〕佚名《中秋图轴》

供品。场地的一头，有一个纸扎的牌楼，上面写着"广寒宫"三字。场地另一头，有一座圆拱门式的纸器，上写"月门"。场地上面，挂着两盏大走马灯和许多小花灯。拜月时，姑娘们手拿纸折扇，在月门后面排列成行，先屈膝参拜，然后列队在月门和广寒宫之间串来串去，叫作"串月门"。只见一队姑娘轻快地来往穿行，身姿优美，折扇起伏，像月宫上的仙女们翩翩起舞。[1]

旧时，广东不少地方在拜月时都有扶乩、附体一类的占卜活动。可分为三类：一类是妇女们请月神并以扶乩或浮针的方式来卜问婚嫁、生育、前程、来年吉凶等，各地名称有多种："伏仙姑""伏桌神""请月亮姑""迎月姐"等，仪式中一般会念诵歌谣，如信宜用纱笠"请月亮姑"，唱"请神歌"：

> 月亮姑，月亮娘，请你下来逛一场。
>
> 请一姑，请二娘，请三姑话就长，
>
> 请四姑花就开，请五姑上夫台，
>
> 请六姑姑就到，请七姑姑就来。
>
> 一来就来，勿使在河边企呆呆，
>
> 勿使在深山诈酒醉，勿使在路边诈顽睡，

---

1 叶柏洲《五邑姑娘拜月》，见刘志文主编《广东民俗大观》上卷，广东旅游出版社1993年版，第625页。

伍 中秋拜月

149

就地备有青茶共绿酒，亦有月饼共芋头，

亦有竹篱你晒布，亦有簸其你筛米，

亦有长麻你来撕，亦有短麻你来搓，

长麻长衫袖，短麻短衫衣。

　　这类活动都是女性操持的，一般不让男性在场，说男人在，月亮姑会害羞不肯下凡，男人只能远远地偷看。[1]

　　第二类活动是让童男童女参加的仪式。这类活动有"观神""观戏童""迷童子""迷牛"等名称。

　　第三类则是成年男人搞的活动。

海南的祭月娘

　　位于中国最南端的省份海南是大海中的一个孤岛。过去由于科学技术不发达，人们主要靠天靠海吃饭；海岛又常受飓风袭击，岛上的一切都是海与天赐予的，所以对祭海祀天拜月等十分看重。中秋之夜，在自家院子或海滩上祭月娘。摆上自家做的大饼，还有柚子、西瓜、苹果、红枣等。祭拜时念叨着：

1　胡为家《请"月亮姑"》，见刘志文主编《广东民俗大观》上卷，广东　旅游出版社1993年版，第630页。

"月娘月娘，吃饼不吃香，吃香会流尿。"大人嘱咐孩子不要用手指月亮，那是对月娘的不敬，月娘生气了会割走人的耳朵。中秋节前后是海口一带柚子的丰收期，柚子与"佑子"同音，用之做礼品有保佑孩子的寓意，所以柚子成为重要的中秋节令食品，祭月娘不能少了柚子。现在拜月娘的活动不多见了，取而代之的是到草地上或海滩上赏月。[1]

1　黄涛《中秋节》，中国社会出版社2006年版，第122—174页。

伍
中秋拜月

陆

中秋食俗

我国有句古语"民以食为天"，强调吃是特别重要的。这也确实是我们传统文化的一个特色。就吃饭、穿衣两项在生活中的重要性而言，我国老百姓的传统观念是把吃饭放在第一位的，现在七十岁以上的老年人还保持着这种观念。他们认为，人活着首先要吃饱，其次才是穿好，因为吃饱了才能活下去，活下去才能考虑穿好这种关乎面子的事。如果食品不够充足，或好吃的东西不多，要首先保证作为主要劳动力的青壮年男子吃饱、吃好，老人、妇女、小孩可以凑合些，这是把族群的生存放在第一位。温饱问题解决以后，这种观念就转变了。要问现在七十岁以下的人，吃饭穿衣哪项更重要，选择吃饭的人不一定占明显多数。

　　2003年我在韩国汉城大学做客座教授的时候，观察到韩国人特别注重打扮，特别是那些女学生，化妆都很精致得体，就很好奇地问一位韩国女生："在你们看来，吃饭和穿衣打扮哪个更重要？"那位女生毫不犹豫地回答："当然是穿衣打扮更重要了。"我问为什么，她说："不吃饭的话，饿一顿也没关系。但是如果打扮得不好，就会没有面子，显得自己精神状态不好。没有吃饭的话，别人是看不出来的，并不显得自己不好。"我当时就理解了她。这跟我们中国人的观念确实不同。即使现在我们的生活变好了，吃饭不成问题了，甚至经常担心吃多了会变胖，我们相对而言还是重视吃饭的，对穿衣打扮还没重视到韩国人那样的程度。这不光是生活质量的问题，确实有文化差异的问题。

在我国的节俗中，吃什么无疑是很重要的，可以作为区分不同节日的指标之一。而穿什么在节日习俗中就不重要，除了过年讲究穿新衣，其他汉族节日就不在乎穿什么。对中秋节而言，吃什么也很重要。现在的问题是，月饼在中秋节俗中占的位置太重要了，以至于一想起中秋，就想到吃月饼。而许多年轻人都不喜欢吃甜食、吃月饼了，就觉得过中秋节没劲，这也说明我们还是太在乎过节吃什么。

我国地方这么大，中秋节的吃法也有很多种，除了吃月饼，还有很多别的有特色的吃法。即便是就月饼来说，也有很多值得了解的事情，比如月饼是什么时候成为中秋节食品的？为什么过中秋选择了吃月饼？不吃月饼不行吗？月饼可以改造成怕吃胖的现代人也适合吃、喜欢吃的美食吗？说到底，这些问题也跟我们的生活变迁、跟我们关于吃的观念有关系。

下面我们就讨论一下以月饼为主的中秋节吃俗。

中秋月饼

宋代的时候就有了名叫"月饼"的点心，但它是在平时吃的，还不是中秋节令食品。本章说的"中秋月饼"，则专指作为节令食品的月饼。

月饼是从芝麻烧饼变化而来的

月饼的前身就是民间常见的圆形饼食，其中又以胡饼也就是芝麻烧饼为主。

"月饼"作为食品名称最早出现于宋代的两本书：南宋周密的《武林旧事》和南宋吴自牧的《梦粱录》。但是在这两部书中，月饼只是一种日常的点心，还不是中秋节令食品。

《武林旧事》是一部记述南宋都城临安（杭州，"武林"是当时该市的别称）地方风物的书，其卷六"蒸作从食"条下罗列了五十多种蒸食，如春茧（茧形包子，类似于今天的春卷）、荷叶饼、芙蓉饼、月饼、烧饼、胡饼、糖饼、春饼、大包子、羊肉馒头等。这些都是面食。其中"月饼"只是多种饼

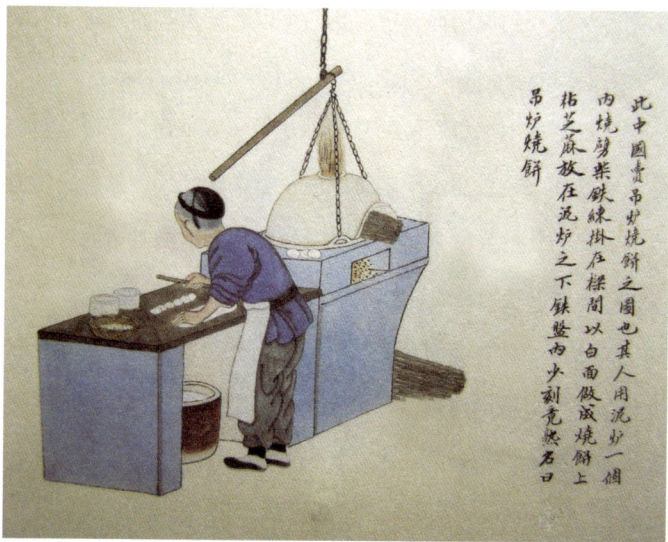

此中國貨吊爐燒餅之圖也其人用泥爐一個內燒劈柴鐵練掛在樑間以白麵做成燒餅上粘芝麻放在泥爐之下鐵鏊內少刻竟然名曰吊爐燒餅

〔清〕佚名《制售吊炉烧饼》

中的一种。书里没做任何解释，在同时代的文献里也没见到中秋节要吃月饼的记载。所以，虽然这时的文献里出现了月饼之名，并不能断定它就是中秋月饼。

再看另一部记述南宋都城临安风俗的《梦粱录》。在这本书的卷十六"荤素从食店（诸色点心）"条下罗列了许多点心，其中也有月饼，是与枣箍荷叶饼、芙蓉饼、菊花饼、梅花饼、开炉饼等并列的。书中这段文字开头说："市食点心，四时皆有，任便索唤，不误主顾"，就是说罗列的这些食品包括月饼是街市上平时所卖的食品，各个季节都有，不管什么时候都能买到。从这几句说明性文字，我们可以断定当时的月饼是"四时皆有"的点心，不是专门在八月十五吃的节令食品。

虽然这两本书里所说的月饼不是中秋节令食品，但是明代作为祭品和节令食品的中秋月饼应该是宋代的这种月饼转用而成的。而宋代的月饼是饼的一种。所以我们追溯月饼的源头，需要考察饼，特别是圆饼的历史。

饼作为一种普通面食所产生的时间就很古远了。"饼"在古代是所有面食的通称，其中也包括圆形扁饼，后来才专指蒸或烤而成的扁圆形食品。春秋战国时期，《墨子·耕柱》就有了关于饼的记载。西汉史游《急就章》把饼与饵列为食物之首，它们是当时的主食，大体相当于今天的面食和米饭。唐代颜师古注释"饼""饵"说，将面里加上水使面和在一起，蒸熟了就是饼；将米兑上水，蒸熟了黏在一起，就是饵。

东汉时饼的种类已经比较多，这时就出现了月饼的前身——胡饼。刘熙《释名·释饮食》中列出了七种饼：胡饼、蒸饼、汤饼、蝎饼、髓饼、金饼、索饼。其中，胡饼是一种比较大的圆形的烧饼。做法是把胡麻加在面饼上烤熟。古时汉人把外族称为"胡人"，所以当时芝麻就叫胡麻。这种饼为什么叫"胡饼"，刘熙先生当时就对这个问题感兴趣，他在《释名》中给出了两种解释：一是它的外形是"大漫冱"的样子，即没有棱角、圆形的；二是由于这种饼加了胡麻。当时胡饼在京都洛阳很流行。据《续汉书》记载："灵帝好胡饼，京师皆食胡饼。"

魏晋南北朝时期，胡饼也是一种很受人们喜爱的常见食品，有专门烤制胡饼的胡饼炉，街市上有叫卖胡饼的商贩。据记载，王羲之曾被客人看到露着肚子在床上啃胡饼，吃相很不雅。晋代十六国中的后赵皇帝石勒小名叫石虎，"胡"与"虎"音近，这种饼叫"胡饼"就犯了名讳，于是将"胡麻"改称"芝麻"，"胡饼"也改称"麻饼"。

"胡饼"的名称到了唐朝还在使用。白居易有诗《寄胡饼与杨万州》："胡麻饼样学京都，面脆油香新出炉。"唐代有很多饼肆（饼店），其中胡饼肆最多。这时有很多胡人商贩，胡商开设的饼肆很常见。上文已述，唐代已经形成中秋节，但是当时这个节日还不成熟，除了饮酒之外还说不上有什么节令食品。据记载，到五代时开始有了玩月羹这种中秋赏月时喝的汤。月饼在唐代还没有出现。

宋代的饼类食品很发达，种类、花色很多，工艺也趋于精致。这时"饼"还是面食的总称。北宋黄朝英《靖康缃素杂记》把饼分为"烧饼""汤饼""笼饼"三大类。其卷二"汤饼"条下说："余谓凡以面为食具者，皆谓之饼。故火烧而食者，呼为烧饼。"按照这个分类，胡饼即芝麻烧饼，是烧饼的一种。到南宋时期，出现了上文提到的月饼。按制作方法，月饼一般是烤制而成，故应归为烧饼类。按苏轼诗中所说的"小饼如嚼月，中有酥与饴"，这种小饼从做法上讲跟后来的中秋月饼很接近了。但是没有任何文献记载说明宋代中秋节吃月饼或用月饼做祭品，反而有些记载可以说明宋代中秋节是不用月饼的。宋代郑望之的《膳夫录》中有"汴（汴梁）中节食"一项，列举一年中各节日的食品，其中有"中秋：玩月羹"，而没有提月饼。孟元老的《东京梦华录》在"中秋"条目下，写到中秋节人们大量饮酒以及各色果品上市，也没提到月饼。因而可以说，虽然宋代文献记载中出现了"月饼"这种食物，但是它并不是中秋的节令食品，而是一年四季都吃的一种点心。

我们说胡饼是月饼的前身，是从饼食的发展过程推断的。宋代以前饼类食品在用料、制作方式、工艺、花色品种等方面为月饼的出现打下了很好的基础。从东汉到宋代，胡饼一直是扁圆形饼食的代表品种，而且很受人们欢迎。宋代的月饼及其他圆形饼食应是在胡饼的基础上改变作料、工艺而制作出的花色品种。在面粉中掺入酥油、蜜、糖或者以果仁、豆沙、糖、肉末、花料等做馅，就做出了各种圆饼、点心，在外形、做法上跟后来的中秋月饼有类似的地方。由此看来，民间关于月饼来历的传说，说月饼是由胡饼转变而来，还是有一定道理的。

元代食俗基本延续宋代的格局，而食物名称跟现代更接近。"胡饼"的名称一般不再使用，而改称"烧饼"。元代的烧饼跟南北朝的烧饼虽然名称一样，所指的食品却不同了：南北朝时也有叫"烧饼"的面食，那时的烧饼相当于今天的馅饼；元代烧饼是烤、烙的面食。烤的方式有在炉里烤的，有在热灰里煨熟的；烙的方式是在一种圆形平底锅（鏊）上做熟。芝麻烧饼不再叫胡饼，就叫芝麻烧饼，加黑芝麻的叫黑芝麻烧饼。[1]可见，从前的胡饼只是这时烧饼的一种。据当时高丽人学汉语的教材《朴通事谚解》，元大都（北京）的烧饼有芝麻烧饼、黄烧饼、酥烧饼、硬面烧饼等。熊梦祥《析津志》是一本专门记录大都风俗的书，其中写了赏月风俗和各种新上市的瓜果，但没提月饼。

中秋月饼首见于明代

明代文献出现了关于中秋节用月饼的大量记载。沈榜所写的《宛署杂记·民风》中说，无论士绅官宦之家，还是庶民百姓家庭，在八月都要做面饼相互赠送，饼大小不等，叫作月饼。市面店铺有的用果仁果脯做馅，巧立名称，形状多样，有的月饼一块就值几百钱。由此可知，这时的月饼是在八月里为中秋节特制的，成为各家送人的礼品。而且这时的月饼已经有各种花色，甚至有了比较华贵的月饼。田汝成《西湖游览志余·熙

1　徐海荣主编《中国饮食史》卷四，华夏出版社1999年版，第664页。

朝乐事》中说："八月十五日谓之中秋，民间以月饼相遗，取团圆之义。是夕，人家有赏月之宴。" 这里点出了中秋吃月饼的含义，就是亲友团圆。明万历年间有一位太监写了《明宫史》，其中写道：从八月初一开始，就有卖月饼的。人们买月饼，还有西瓜、藕等，赠送亲友。到八月十五，等到月亮出来烧香之后，就大吃大喝，很多人家到夜尽才散席。如果有剩下的月饼，就存放在干燥通风的地方，等年底全家人分吃，叫团圆饼。明代此类记载还有很多。毫无疑问，明代中秋吃月饼的习俗已经出现并风行于世。

这里有一个问题：为什么宋代中秋习俗已很兴盛、饼食制作也很发达却没有出现中秋月饼，而明代却风行中秋月饼呢？

通过比较这两个朝代关于中秋习俗的记载，可以发现，宋代与明代有显著的不同：宋重视赏月，明重视拜月和团聚。中秋月饼的出现跟明代的这种中秋习俗是相适应的。其意义也正好有两方面：一是作为供品使用，二是作为"团圆饼"，有团圆的象征意义并被用为联系亲友感情的工具。这是月饼在明代出现的关键因素。原来，月饼在中秋节的最初用途是作为拜月的供品。明初中秋节拜月习俗盛行，拜月免不了要供品。中秋时节正好瓜果上市，可用作供品；其时也是庄稼收获的时候，所以也正好用新粮做的面食做供品。因为中秋祭的是圆月，民间很自然地讲究供品要是圆形的，即"其祭果饼必圆"。这样

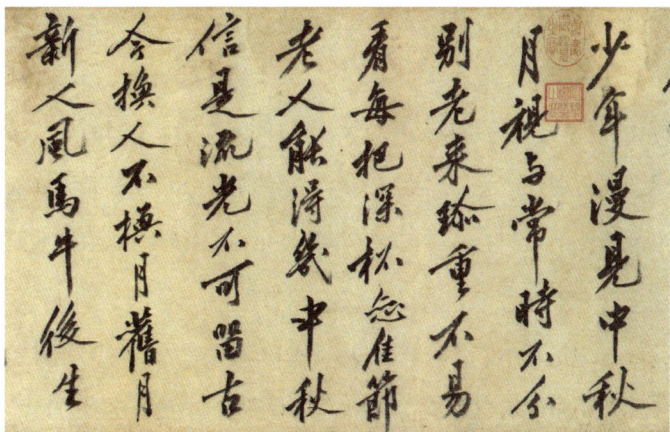

〔明〕沈周《中秋诗卷（局部）》

就把饼食做成了圆形，摆在供桌上，可以象征圆月；在制作的时候，还印些嫦娥、月宫、桂树、玉兔之类图案在面皮上。因为是供品，必然要选上好的材料，要做出好味道，要做得外观好看些。这样就使月饼跟以前的饼食或点心不同了，就成了为中秋节特制的节日用品。这样每到中秋节，就要专门制作月饼，各家可以自己做，也可以买饼铺做好的。饼铺有更好的技术，做得越来越精致美味，使得月饼更加成为一种很特别的节令食品。另一方面，民间向来有祭神仪式完成之后分食祭品的习惯，所以月饼很自然地又成为人们的中秋食品。起初月饼是祭品兼作人的食品，而以做祭品为主；后来在拜月之前也吃月饼了，这时就使它作为人的食品的地位不亚于作为祭品了。再到后来，拜月习俗淡化的时候，月饼作为团圆饼的地位越来越重要，这时它作为祭品的作用就减弱了，以至于到后世拜月习俗基本消失，吃月饼却成为中秋节俗之一。明代还重视亲友间的人情往来，在初期月饼主要作为祭品时，它就跟时令瓜果等成为中秋期间亲友馈送的礼品。这就是中秋月饼在明代形成的主要原因和过程。

自明代开始，月饼就成为中秋的一种特色元素，吃月饼在中秋节俗中的位置越来越重要。数百年来，中秋节吃月饼已经成为中华民族的一种根深蒂固的文化传统。

月饼有很多品种：按地域风格，可分为京式月饼、广式月饼、苏式月饼、潮式月饼、滇式月饼、港式月饼、台式月饼等；按馅料，可分为五仁月饼、豆沙月饼、枣泥月饼、冰糖月饼、芝麻月饼、火腿月饼、椰奶月饼、海味月饼、药膳月饼等；按饼皮，可分为酥皮月饼、浆皮月饼、混糖皮月饼等；按口味，可分为甜味月饼、咸味月饼、咸甜味月饼、麻辣味月饼等；按含糖量，可分为高糖月饼、低糖月饼、无糖月饼；按外观造型，可分为花边月饼、光面月饼、画面月饼、象形月饼（儿童喜食的动物造型月饼）、迷你月饼、巨型月饼等。这是主要的类型。当然还有不少别的类型名称。各地的月饼类型内部又会有类型区分，如京式月饼有自来红与自来白之分。按用途来分，可以分为重视包装、价格昂贵的礼品月饼，包装简朴（或散装）、价格实惠的自用月饼，还有特制的豪华月饼（礼品月饼的一种），用于收藏的工艺月饼（用金、银、玉等材料制作）。从历史的角度，又可以将月饼分为古代月饼和现代月饼两大类。现代月饼是在传统月饼的基础上改良翻新的，但是明清时期的用料、口味、包装、月饼市场、文化氛围等与现代社会差异很大，月饼的制作也跟现代有很大的差别。

店铺或厂家制作的月饼当然比各家自做的月饼精致。但是过去社会上很多人家生活穷苦，买不起或不舍得买月饼，就自家制作。据报载，西安市的一些老人对年轻时自家制作月饼的情形记忆犹新，有位七十多岁的王大爷说："穷一些的人家基本就是自己烙制'圆油饼'，稍好一些的是有馅的圆饼，那时有卖专门制作月饼的模子的。中秋前后，亲朋好友相互赠送自制月饼，中秋夜一家人一起赏月，一起品尝，表达对一家人团圆平安的祝福。"[1]近年来全国绝大部分地方的人们都不自己制作月饼了，也有的地方至今还保留着自己制作月饼的习俗，如甘肃庆阳的乡村，中秋节喜欢吃一种相当于月饼的千层饼，旧时家家户户都会做，近年来许多人家还是不到市面上买那些包装漂亮的月饼，而是喜欢吃自家做的千层饼。

1　杨斌鹄、上蕾《从简单好吃到更重视美观：月饼演变折射社会变迁》，载《西安日报》2005年9月19日。

中秋月饼的本义与口味创新

抬头望明月，低头品月饼。举家围坐，言笑晏晏。熟悉的场景让我们留恋。年年吃的月饼大同小异，吃的场合与方式也难免重复。但是每到中秋，我们还是不由自主地被裹挟进买月饼、送月饼、吃月饼的潮流。这就是民俗的魔力。循环往复的民俗模式既是一种约束我们的行为规范，也是将我们连结为一个文化群体的纽带，是我们相互认同的重要元素。因为这个民俗模式，我们有一种文化归属感，我们的精神不会失去某种必需的基本依托，我们活得踏实充盈、感受到生活的意义。中秋节吃月饼正是这样一种民俗模式。

天上月圆，人间饼圆。中秋月饼又叫团圆饼，是天上月圆与人间团圆的象征物。它本身是一种精美的食物，但它的价值远远超出了物质层面，比如送月饼、接受别人的礼品，使我们表达了对别人的感情，或享受到别人对自己的情意、尊敬，使我们感到自己生活在一个和谐、愉快、相互关爱的人际关系里，从而得到慰藉和满足。如果不参与这种活动，作为一个中国人，就会有一种生活不完满的感觉，有一种感情的失落，有一份幸福感的缺失。这种人的文化身份得到确认的幸福感，与单纯的吃好喝好的幸福感是不同的。

由中秋月饼的文化内涵和演进历史，我们可以将月饼的本义概括为两点：首先，它是一种节日象征符号、感情寄托物、文化消费品；其次，它是一种美食。只有同时具备了这两点，这种圆饼才是好的月饼。如果只具备其中一点，那就是不好的、功能不全的月饼。只有这样来看待、食用月饼，才是符合月饼本义的态度。

从月饼的第一点本义上说，由于月饼已经成为中秋节的象征符号、特色元素，而且它在中秋节俗中的位置很稳固，可以说，只要国人还在过中秋节，就会有对月饼的消费需求，除非中秋节的内涵变了，跟圆月没关系了，也不讲究团圆了，但这在可预见的将来是不可能的。尽管近年销售的月饼不大适合消费者变化了的口味，但是月饼销售量仍然很大，这就是因为中秋节的文化消费的需求正逐年增强——近年来传统文化开始复兴，传统节日的氛围越来越浓了。许多人自己基本不吃月饼，但是他们要买来送人，或者摆在自己家里营造节日氛围。

从月饼本义的第二点上讲，不管人们的口味怎么变，月饼都应该被做成美食，都应该是人们能吃也爱吃的食品。假如月饼只能看不能吃，那是不符合月饼的本义的。月饼的传统配料与做法，是适应于传统社会的生活状况和美食观的，现代社会人们的生活有了很大变化，美食观也有了根本的变化，那么，制作月饼的配料与做法就应该随之改变，以使月饼仍然是现代人的美食。同时，月饼作为食品，历来就是被作为美味品尝的，而不是大量食用的充饥品。如果降格为充饥品，月饼就成了日常食品了，就失去美感了。现在人们的经济能力增强了，对月饼这种美食可以大量购买了，但买得太多了，放得时间长了会变质，想尽快吃完又会使它降格为充饥之物，或者吃得太多，会引起身体的不适和疾病。有一些过于节俭的人，特别是农村的老太太，见到别人不爱吃家里已有的月饼，舍不得扔掉，就在中秋节过后的几天里，每顿饭都把月饼当主食，这样下去可能会吃伤，培养出对月饼的恶感，也是不利于身体健康的，这也不符合月饼习俗的本义。

传统做法的月饼大多是高糖、高脂肪、高热量的，如今有不少人尤其是要保持苗条身段或要减肥的姑娘们是基本不吃它的——大多只尝一点，表示吃过了。这不是月饼本身的错，而是月饼生产厂家没有跟上口味的变化，或者品种不够丰富不能满足多方面的需要。如今，传统月饼变成中秋节少不了但只能是怀着戒心尝一丁点的东西：它在很多人的眼里不再是美食了。月饼毕竟是食品，作为月饼的制造者，生产厂家应该注意研究消费者的饮食习惯和口味的变化、各类消费者的需求，不断地改良传统月饼，研发新产品，使月饼在变化不止的饮食风尚中对所有人都不失其中秋美食的本色。其实，这也是对民俗规律的尊重。民俗并不是僵死的静止不动的东西，而是不断演进的，随着社会生活的变化而调整的。正如钟敬文先生所说，"民俗是一种适应性文化""变异是对于类型文化的适应性生态调整"。[1]只要月饼作为一种圆形的饼食，能够象征圆月和团圆，并且人们爱吃，它就能很好地履行中秋月饼的职能，就是合格的中秋月饼。至于工艺如何改进，饼皮、馅料、口味如何更新，都无碍于月饼习俗的传承。

近年来，月饼市场上确实出现了许多新品种：冰皮月饼、果蔬月饼、椰奶月饼、纳凉月饼、茶叶月饼、保健月饼、象形月饼等。在保持传统月饼的适当生产规模并对传统月饼进行改良的同时，不断推出适应现代消费者健康饮食新观念的新产品，将是月饼市场的发展趋向。但是，应该说，目前月饼生产方在这方面做得还是不够，新型产品的研发远没有跟上人们口味变化的幅度和速度。

由于月饼是一种重要的中秋节礼品，厂家把月饼制造得更精美，包装搞得美观些，同时价格也相应适当地提高些，也是对民俗规律的看重和利用，但是不能过头。月饼包装过于豪华，以至于主要靠包装提高月饼价格显然是走偏了，也是不利于环保的做法。现在每年中秋节的月饼消费都存在很大的浪费。从八月十五傍晚开始，市场上的月饼就开始贬值：各个商场开始

1　钟敬文《民俗文化学发凡》，见《钟敬文学术文化随笔》，中国青年出版社1996年版，第146、143页。

竞相削价抛售月饼；到八月十六，节前昂贵的月饼已经很便宜，散装的月饼卖到两三元一块，比一般的点心还便宜。各家自买的或收到的月饼礼品也剩下不少。2007年中秋节，武汉市有位市民家里收到十四盒月饼，有单位发的，有客户送的，有朋友给的，而全家只有三口人，过完节的一段时间还天天吃月饼，扔掉可惜，送人又过了时间。据一位记者的随机调查，许多市民家里都收到过多的月饼礼品，少则两三盒，多则二十多盒，过完节都不好处理。有些人就到网上低价卖掉或交换其他东西。[1]有些人家的剩月饼放些天没人吃也就扔掉了。那些将月饼价格大幅提高的华丽包装更是被当作垃圾处理了。所以，政府相关部分对月饼市场加强管理是有必要的，专家、媒体根据民俗规律也有必要对月饼的制作和消费加以引导。[2]

其他中秋食俗

月饼只是最具象征意义的中秋食品，并不能代替其他中秋美食。除了月饼，中秋节还有许多有特色的吃法。这些吃法就不一定是各地统一的，而是因地制宜，形成各地不同的中秋食

---

1 符樱《中秋过完，月饼让人很发愁》，载《武汉晚报》2007年9月27日，第5版。

2 黄涛《中秋节》，中国社会出版社2006年版，第69—111页。

俗。比如山东的中秋饮食的习惯是，中秋节一整天，三顿饭都要吃好的。济南早晨吃米饭，中午吃水饺；胶东中午蒸饽饽、包子；即墨吃麦箭。麦箭是当地的一种特色食品，做法是：先用白面摊成煎饼，上面加肉馅或素馅，再用秫秸把加馅的煎饼卷成筒状蒸熟，吃时再蘸调料，味道很是鲜美；山东诸城在这天则吃芋头、地瓜、花生、萝卜和雏鸡等，叫作"尝鲜"。[1]仅山东就有这么多吃法，其他各地的吃法当然更是丰富多彩。不管怎么吃，有一个原则是共同的，就是要吃好的，特别是晚餐，一定要丰盛。

下面我们从各地和历史上的中秋饮食中选出一些较为典型的或特色鲜明的谈一谈。

饮　酒

按说节庆时饮酒是司空见惯的，怎么能说是中秋节的食俗呢？这里说的饮酒，可不是一般的喝酒，而是大饮豪饮，以至于饮酒成为该节日的特色食俗。

这种情形出现于唐、宋、元三代。在这三个朝代，中秋节的主要风俗就是赏月、饮酒。饮酒是与赏月伴行的。八月十五

1　山曼等《山东民俗》，山东友谊书社1988年版，第48页。

陆　中秋食俗

171

之夜，在朗朗的月光下，摆上酒席，家人或朋友围坐，一边喝酒赏月，一边聊天或赋诗，确实很惬意。酒能助兴，醉眼陶然地看月亮，更能激发诗情与遐想。最好此道的是大诗人李白，他号称酒仙，又被称为"月亮诗人"，两方面一结合，正好是特别爱喝酒的月亮诗人。他作了许多咏月诗，这些诗大部分是在醉醺醺的状态下写出的。月朦胧，酒朦胧，成就了浪漫豪放的咏月诗。另一位在这方面表现突出的，还是浪漫派的大诗人——苏轼。他的脍炙人口的咏月词《水调歌头》开篇就说："丙辰中秋，欢饮达旦，大醉，作此篇，兼怀子由。"词的开头两句是："明月几时有，把酒问青天。"人常说喝酒误事，看来不误赏月作诗，喝得大醉后方能作出无限浪漫的咏月诗。

文人喝酒能助诗兴，寻常百姓不见得作诗，但也爱在这晚喝酒，那可能是由于喝酒能助赏月的雅兴，当时全社会就有这种喝酒赏月的风气。最初是八月十五的月夜大肆饮酒，后来饮酒成为中秋节的风气，从八月十五的中午就开始痛饮了。据孟元老的《东京梦华录》记载："中秋节前，诸店皆卖新酒"，十五的前几天，许多人家就开始买酒做准备了。到十五这天的中午，各家酒馆是满员的，很快都把酒卖光了："市人争饮，至午未间，家家无酒，拽下望子。"到晚间，人们又是"争占酒楼玩月"。

〔明〕陈洪绶《蕉林酌酒图》

玩月羹

这种唐宋时期的中秋食品，是由桂圆、莲子、藕粉等制成的一种汤。宋代郑望之的《膳夫录》中说，汴梁（开封）的节日食品有中秋的玩月羹；陶穀撰写的《清异录》也记载，五代时，在汴梁阊阖门外的大街上有一家饭馆，是人称张手美的老板所开，他供应的食品很周全，而且都能随需而供，每个节日则专卖一种食物，中秋节就专卖玩月羹。据说到20世纪30年代岭南还有这种食品。

尝新粮

八月十五处于秋收季节，粮食开始成熟、收获，许多地方讲究在中秋节时吃刚打下的新粮，图个新鲜。这也是古代秋季庆丰收、感谢神灵恩惠的传统在中秋节习俗中的遗留。有些地方还在晚间供一捆青豆给玉兔吃。

吃时令瓜果

农历八月，是许多时令瓜果成熟上市的时期。诸如葡萄、石榴、枣、苹果、橘子、梨等水果，西瓜、南瓜、地瓜、甜瓜、脆瓜等各种瓜也很多，这些都成为中秋时节的美食。晚上，许多人家都摆出这些瓜果，连同月饼、瓜子等，在院中赏月、拜月。

中秋节品尝瓜果的习俗很早就有了。宋代孟元老的《东京梦华录》谈中秋习俗说："是时螯蟹新出，石榴、榅勃、梨、枣、栗、葧萄、弄色桩橘，皆新上市。"元代熊梦祥编纂的《析津志》中说，中秋节时大都上市的果品有瓜果、香水梨、银丝枣、大小枣、栗、御黄子、频婆（苹果）、奈子、红果子、松子、榛子等。明清也是如此，清代《燕京岁时记》记载："每届中秋，府第朱门皆以月饼果品相馈赠。至十五月圆时，陈瓜果于庭以供月，并祀以毛豆、鸡冠花。"此俗一直流传到现代。

绍兴人祭月，用月饼和长形的南瓜作为祭品。长南瓜是男性生殖器的象征，同时南瓜又是多籽儿的东西。他们认为，用南瓜祭祀月亮，象征着男阴采集了月华，就成为能保佑生子的灵物了。所以在祭完月亮后，刚娶完亲的人家或者妇女还没生育的人家，婆婆赶快把南瓜从供桌上拿到媳妇的被窝里去，以图吉利。[1]贵州也有中秋节偷瓜送子的习俗。偷瓜在晚上进行。偷的时候，故意让被偷的人家知道，以讨来这家的怒骂，骂得越厉害越好。偷来瓜之后，给瓜穿上衣服，画上眉目，打扮成

---

1 莫高《老南瓜祭月》，浙江省民间文艺家协会选编《浙江民俗大观》，当代中国出版社1998年版，第57页。

〔清〕顾洛《蔬果图（局部）》

小孩的样子，放在轿子上，敲锣打鼓送到没有生育的妇女那里。接受瓜的人家，必须请送瓜的人吃一顿月饼，然后将瓜放在床上，让瓜在妇女身边睡一夜。第二天早晨，把瓜煮了吃。当地人相信，妇女此后可以怀孕。[1]

这可以叫作"偷俗"。形式是"偷"，实际上是讨彩头，是一种祈福行为，大多为亲友讨吉利，也有的为自己。一来"偷"者不是为贪财图物，不会拿别人很多东西；二来被偷的人知道这是习俗，会对此抱有宽容之心，当作自己的积德善举，看见了别人来偷也不管，有的还关照"偷"的人小心点，别摔着。据说偷来瓜就是能生的好兆头。有的地方是偷大葱、偷菜，未婚的姑娘溜到别人家的菜园里去偷。俗话说："偷着葱，嫁好郎；偷着菜，嫁好婿。"

北京人过中秋很讲究吃水果，可称为美食家的老北京赵珩说：

1　胡朴安《中华全国风俗志》下编，河北人民出版社1988年版，第433页。

北京人悠闲惯了，讲究吃和时令相合的东西。其实，中秋节最时令的吃食就是水果。一定要吃石榴，这时石榴正好熟透了，石榴多籽，在民间有多子多福的意思。还有西瓜，现在西瓜快下市了，但在以前都是农历六月底才上市，到中秋节吃正好。葡萄讲究吃玫瑰香。还有京白梨、南方来的枇杷等。水果是很重要的一个门类，因为正好是丰收的季节，唐宋以来都是这么过的。[1]

用桂花

由于传说月宫中有桂树，桂花成为中秋节的一种象征符号或者说吉祥物。许多地方有在中秋节食用桂花的习俗。

南京人喜欢在中秋节吃"桂花鸭"。桂花鸭是当地特产，本是盐水鸭的一种。盐水鸭平时就有，但以秋季桂花飘香时节

1　苌苌《中秋节的吃食》，载《三联生活周刊》2007年第35期，第171页。

〔明〕吕纪 《桂菊山禽图》

的桂花鸭为上品。桂花鸭取当年长成、肉嫩皮薄的仔鸭为原料，将净鸭用热盐抹过，下汤锅焖煮，做熟之后，浇以桂花浆，吃起来皮脆肉嫩味鲜。桂花浆用节前采摘的桂花，加糖和酸梅制成。下酒菜还有浇了桂花浆的小糖芋头，十分爽口。

桂林是桂花之乡。中秋时节，桂花满城飘香。八月十五来临，人们用桂花做成香包悬挂在家里或随身携带，也馈赠他人。节令食品除了月饼，还有桂花做成的桂花糕、桂花酒，饭店里还添一道桂花菜。每到中秋佳节，当地举办盛大的龙舟竞赛，山村里有唱山歌、民间文艺表演。夜晚，在美丽的漓江边、大桥上欣赏空中明月和水中月影，令人心旷神怡。

桂花在上海人的中秋节俗中也占有重要位置。这天，人们爱到桂林公园赏桂，家里也插几枝桂花。节令食品里有桂花糕、桂花酒。上海人在饮食方面喜欢用桂花作为添香的作料。平时用糖或盐浸泡桂花，存放在密封的容器中，可以用糯米面加上桂花做成桂花糕，也可以在烧食山芋、芋艿时撒进一些调味。泡茶时也喜欢加些桂花，称之为桂花茶。中秋前后，上海商店中桂花酒很好卖。中秋节更强调用桂花，是由于神话中说月宫有桂树的缘故。月夜，吃着月饼，喝着桂花酒或桂花茶，遥望月中桂树，是别有节日韵味的。[1]

1　顾承甫《沪上岁时风俗》，华东师范大学出版社1989年版，第136页。

吃莼菜、鲈鱼

莼菜、鲈鱼是江浙一带重要的中秋节令食品。不仅因为这时候的莼菜、鲈鱼口味好，更由于二者是思乡的象征。据《晋书·张翰传》，晋代吴郡张翰曾为避祸而向朝廷辞官归故里，所用理由便是"因见秋风起，乃思吴中乡菰菜、莼羹、鲈鱼脍"，可见吴地秋季鲈鱼味道之美、名气之大。此事成为史上美谈，更使莼菜、鲈鱼成为江浙地方的团圆宴不宜缺少的美味佳肴。

吃芋艿（芋头）

芋艿又叫"芋头"，其外形与营养价值有点像土豆，吃起来口感细软，绵甜香糯，易于消化。它主要在南方种植。南方不少地方讲究在中秋节吃芋艿。

有些地方对中秋节吃芋头还有一些说法，也就是赋予这种习俗某种民俗意义。清代乾隆年间《潮州府志》记载："中秋玩月，剥芋头食之，谓之剥鬼皮。"就是说，吃芋头有消灾辟邪的意义。

浙江舟山人八月十六过中秋。他们的食俗除了吃月饼以外，最有特色的就是吃芋艿鸭了。所谓芋艿鸭，就是将鸭子与芋艿一起放在锅里煮熟，有肉有汤，还有芋艿，味道鲜美。为什么中秋节吃芋艿呢？传说这跟明朝抗倭有关。嘉靖某年八月十六，琼州参将俞大猷率军在舟山跟倭寇作战时，被倭寇围困在荒岛上，没有粮食吃，发现一种野生植物根部长着球茎，就挖来煮着吃，味道很好，还耐饥。他们把这种球茎叫作"遇难"。俞大猷的部队靠这个渡过了难关，第二天部队发起反攻，歼灭了倭寇。后来，当地居民听说这种名叫"遇难"的植物可以吃，就种植它，并用"遇难"的谐音"芋艿"来命名它。为了纪念明将抗倭的事迹，当地人就在每年八月十六吃芋艿。后来人们又发现芋艿与鸭子在一起煮更好吃，就把芋艿鸭当作了中秋节的菜，一直吃到今天。[1]

台湾人对芋头有一种特殊的感情，过中秋也喜欢吃芋头，还把芋头分为芋母、芋子、芋孙，把芋头作为亲情的象征物。有句俗话："吃米粉芋，有好头路。"取方言"芋"与"路"谐音，有事业路路通、找工作有门路的意思。"七月半鸭，八月半芋"，是说八月半的芋头最好吃。中秋前夕，各家都会买不少芋头，中秋这天做芋头宴，有各种做法：做芋饼、煮芋饭、蒸芋果、烹芋汤、捣芋泥、炸芋枣等。高山族雅美人则对芋头有一些崇拜的意思，中秋期间，如果有新船下水，必须要搬一

1　李世庭《八月十六吃芋艿》，见浙江省民间文艺家协会编《浙江民俗大观》，当代中国出版社1998年版，第59页。

筐芋头到船上压舱，剪彩仪式的第二天把芋头分赠亲友邻居。这是因为"芋"与"鱼""余"谐音，他们认为在新船下水的仪式中有了芋头可多打鱼、带来丰收。还有的地方传说吃芋头是因为明末戚继光带领将士抗倭时，遇到缺粮的困难，挖芋头煮着吃，在八月十五日打了胜仗，后来吃芋头之俗是为纪念抗倭胜利。[1]

上海人中秋节的晚饭除了吃月饼和桂花糕，还要吃毛豆和芋艿。他们认为"芋艿"与"运来"谐音，有祈福的意思。

广东的一些地方的人也喜欢在中秋节吃芋头，传说这与黄巢起义有关。黄巢曾攻入岭南，在一次战斗中被围困，粮草断绝，就以芋头、田螺充饥，最终渡过难关。后来黄巢一举攻克广州，于是民间兴起中秋吃芋头之风。

吃柚子

南方一些地方盛行中秋吃柚子的风俗，这是因为"柚子"与"有子"或"佑子"谐音，可以寄寓吉祥的意愿，而且暗合了中秋祈子的习俗。如海口一带在中秋节前后柚子丰收，用柚子做礼品有保佑孩子的寓意，所以成为重要的中秋节令食品，

1　林长华《两岸中秋话俗趣》，载《西安日报》，2005年9月18日。

祭月娘也不能少了柚子。

在中国台湾，吃柚子是一项很有声势的活动。柚子作为最重要的节令水果和吉祥果，不仅各家吃柚子，各地还有围绕柚子的娱乐竞赛活动。最常见的是剥柚子比赛，参赛者有男有女，有大人也有小孩，看谁在限定的时间里剥得快吃得多，获胜者可得到奖品。如一家餐馆组织的剥柚子比赛，获胜者可获赠一顿海鲜柚子大餐。还有打柚子、堆柚子活动。打柚子就是拿着棒球棍，把柚子当棒球打。有的学校组织打柚子比赛，校长、老师、学生全体参加，都穿上背心、戴上帽子，气氛热烈。堆柚子就是比赛谁堆得高。

据报道，2007 年有位果农居然别出心裁，培植出两颗爱心柚子，外形呈浪漫的心形，上面还印着表示爱意的文字，适于情人之间作为礼物赠送。果农将心形的模具套在柚子外面，才使柚子长成这样。由于培育方式有很大难度，造型独特且数量有限，这两个柚子在中秋节之前被放到网络上拍卖，价格高昂，并引起人们的抢购。

吃烤肉

烤肉是近年在台湾地区青年人中兴起的活动，其风气之盛几乎要跟吃月饼相提并论了。月饼是带有象征意义、礼仪意义

〔南宋〕佚名《乳鸭图》

的传统习俗，固然重要，但是月饼毕竟不能吃很多，而烤肉则可以作为一项很畅快的活动，在户外宽敞的地方，一干亲友聚集在一起，赏月、烤肉、饮酒，笑谈、唱歌、跳舞，可以纵情尽兴，直到深夜，仿佛恢复了唐宋中秋赏月狂欢之风。据台湾同胞介绍，现在台湾地区中秋节吃烤肉之风超过了吃月饼。有些住宅小区还组织社区内的烤肉联欢活动，请每户人家交一定数量的费用，由物业人员负责购买相关用品并组织活动。

吃鸭子

农历八月正是鸭子肉肥味鲜的时候，加之鸭肉可以滋养身体、防止秋燥，很多地方都有中秋食鸭的习俗。南京人爱吃桂花鸭，浙江人喜欢吃芋艿鸭，高雄人讲究吃水鸭。

广西仫佬族过中秋节也兴吃鸭子。他们有个传说，讲古时候仫佬族的好山好水被外族的番鬼侵占了，他们用饼子夹着字条传递八月十五造反杀番鬼的消息，大部分番鬼被杀死了，小部分番鬼被追到河边，跳进河里变成了鸭子。人们中秋节杀鸭子吃，就是为了纪念反抗外族侵犯的胜利。

吃螃蟹

秋季正是螃蟹肉肥黄满味美的时节，因而在临近河海的地区，螃蟹自然成为中秋节饭桌上的美食。明代宫廷就喜欢在中秋时摆螃蟹宴，吃法是用蒲包蒸熟，吃时蘸醋，边吃边饮酒赏月，并观看中秋主题的戏曲。吃完螃蟹再饮苏叶汤，并用汤洗手。

吃田螺

广东等地中秋节喜欢吃田螺。老人们说，中秋节前后是田螺"空怀"的时候，也就是腹内没有小螺，因而肉质肥美。还有，中秋节吃田螺有明目之效。从科学的角度看，田螺肉富含维生素 A，确实对眼睛营养有好处。

中秋节令食品不止月饼一种，令人垂涎、惦念的中秋美食有很多，只要这个节日过得热闹起来，我们可以吸收、发明更多吃法。

各地的人们过中秋节的吃法都是在当地节令物产特点的基础上形成的：除了月饼是特制的以外，八月十五左右当地吃的食品总是最方便、最合时令的。对一般人而言，过节的时候按照地方习俗来安排饮食是顺其自然的事。但是有条件的话，安排别出心裁的饮食来庆祝节日也未尝不可。苏州有位画家叫叶放，古道热肠，每年中秋都召集朋友们聚会宴饮，称为"雅集"。前几年他买了一艘古船，停在三山岛附近，从此中秋节时他就请朋友们在这古船上喝茶听琴赏月。有一年中秋，他做了一个称为"花事"的雅集。这天的菜单是这样的：

1. 天香引（丁香花，鸭肉）

2. 寻瑶草（代代花，猴头菇）

3. 点绛唇（玫瑰花，猪肉）

4. 沉醉东风（茶花，芥蓝）

5. 梅花引（梅花，虾仁，虾排）

〔南宋〕佚名《茶花图》

6. 疏影（梅花，荸荠）

7. 澡兰香（兰花，猪肉）

8. 望湘人（竹荪，芦笋）

9. 霜天小角（菊花，蟹黄，蟹膏）

10. 杏花天影（杏花，蛋清，干贝）

11. 解语花（百合花，藕，猪肉）

12. 摸鱼儿（玉兰花，塘鲤鱼）

这样一个菜单，可真够讲究和雅致的，让人看了不仅要流口水，而且要自惭形秽，或者油然而生附庸风雅的冲动。既然名为"花事"，这些菜的共同之处，就是每道菜都包含一种花。生于苏州名门望族的叶放对童年食花的感受记忆犹新。他和趣味相投的朋友们一起赏花、咏花、食花，是发思古之幽情，营造一种过节的文化意境。他说，按照常规惯习来过节会产生审美疲劳，个人体验的自由空间会被经验所埋没。不同的情境能构成不同的文化体验，在现代生活中创造一种有个人特色的情境可以获得基于传统文化底色的新鲜体验和想象。[1]

文人总是喜欢风雅，喜欢创新，喜欢不同流俗。但是说到底，他们也是民俗之"民"，他们的过节活动如何花样百出，也不能脱出民族文化的底色，本质上也是一种民俗活动。就说这场"花事"宴席吧，虽然极雅致，但也不是完全"脱俗"，他们也是在中秋聚会、赏月、作诗、宴饮，这些活动都是中秋节俗的基本元素。只不过他们在吃法上有创新。文人也要过节，也要遵行民俗，而且他们的本意也不是要抛开民俗，只不过是想过得更新颖、更有创意。如果他们的创新有大众化的基础而为大众所效仿，也会形成新的民俗。不过，许多个人化的过节方式是一般人模仿不来的。就说这场宴会吧，不说准备那么多

---

[1] 苌苌《中秋节的吃食》，载《三联生活周刊》2007年第35期，第171页。

的材料有多费事，单说那些菜名也够我们伤脑筋的。传统上，老百姓生了孩子都不喜欢费力气起名字，好多人家的孩子小名就叫"大小儿""二丫儿""老四""小六儿"之类的就行了，正式的名字要请乡绅、老师来取。逢过节要为每道菜起名字肯定不是一般老百姓爱干的事。得了，作为一般人，咱们还是按着习惯来过节吧，这样可以获得文化认同和共享的感受，也简便易行。其实这也正是民俗的基本规律：规约性和服务性。节俗既约束着人们怎样按老规矩过节，同时也是在为大家服务、提供过节的便利方式。至于有人要在此基础上花样翻新，只要自己愿意也有条件，尽管自得其乐，那其实是对民俗节日更加重视的表现。

柒

中秋庆丰收

中秋节的主要习俗都与月亮有关：赏月、拜月、由月圆而产生的家庭团圆，但还有一种容易为人忽略的活动是与月亮无关的，那就是庆贺丰收。

虽然不大为人注意，但是中秋节庆丰收的风俗与意味是确实存在的。农历八月是庄稼、瓜果成熟丰收的季节。在这样的季节，有一个节日来庆贺当年的丰收是很自然的事情。中秋正是在这样的节令出现的。所以人们在进行与月亮有关的主流的中秋习俗的同时，也进行一些庆祝丰收的活动。许多地方在中秋节都讲究享用新粮和时令瓜果，在中秋之夜要做出一顿非常丰盛的晚宴，就带有庆丰收的意味。有的地方有用新粮和时令瓜果祭祖或祭社的仪式，并有感谢神灵恩赐佑助、祈求来年丰收的祝祷。这些庆丰收习俗的明显表现与古代的秋报祭社习俗密切相关。

中秋庆丰收习俗的发生既与人们现实生活节奏的自然需求有关，也与古代人们就有的"秋报"习俗有关。"秋报"就是在秋季收获之后，向社神报告收成、报答恩惠。中秋节庆丰收习俗在某种程度上是对古已有之的秋报传统的传承。

大地负载着万物，农作物在土地里生长，而地震也给人类带来灾难，这一切都导致原始人对大地的自然崇拜。周代以后，地神一分为二，出现了代表地母的"地"与代表领土、地域的"社"。祭地成为帝王的专利，而祭社则是皇家和民间都可进行的活动。"社神"后来在民间也叫作"土地爷"或"土地神"，仍然是地域保护神，跟皇帝所祭的与天公相对的地母神是不同的。

社神被看作孕育农作物的丰产之神，主要职能是保佑风调雨顺、庄稼丰收，正如《孝经·援神契》中所说："社者，土地之神，能生五谷。"其次，它是地域保护神，被认为能保佑在某个地域进行的一切大事。周天子每年有三次常规的社祭：第一次是仲春祈谷，春耕时节祭社，祈求这一年能得好收成，叫作"春祈"；第二次是仲秋报谢，八月收获时节祭社，向社神报告收成并感谢恩赐，叫作"秋报"；第三次是年终祭社，庆祝一年的收获，求告来年丰收。除了常规性祭祀外，在征战、田猎、禳灾等大事时也会祭社。在朝廷举行春祈秋报的同时，民间也举行隆重的祭社活动。人们在社里聚集，祭祀神灵，饮酒看戏。春秋两个社日成为很热闹的节日。

上古时期，秋社的时间在仲秋即农历八月的第一个甲日；后世改为立秋后的第五个戊日。古时人们认为五谷丰收是由社神掌管的，所以周代就有报社的说法。《孝经·援神契》中有：

"社者，五土之总神。土地广博，不可遍敬，故封土为社以祀之，以报功也。"《礼记·郊特牲》："社所以神地之道也。地载万物，天垂象。取财于地，取法于天。是以尊天而亲地也，故教民美报焉。"这是古人在农业科技水平很低的情况下对土地的神化和崇拜，唐宋以后社日的宗教色彩淡化，逐渐演变为庆祝丰收、群众集会、休息欢娱的节日。南宋孟元老的《东京梦华录》卷八《秋社》条下写道：

> 八月秋社，各以社糕、社酒相赍送。贵戚、官院以猪羊肉、腰子、奶房、肚肺、鸭饼、瓜姜之属，切作棋子片样，滋味调和，铺于饭上，谓之"社饭"，请客供养。人家妇女皆归外家，晚归，即外公姨舅皆以新葫芦儿、枣儿为遗，俗云宜良外甥。市学先生预敛诸生钱作社会，以致雇倩祇应、白席、歌唱之人。归时各携花篮、果实、食物、社糕而散。

从上述记载可知，宋代的八月秋社是个很隆重的节日。

据胡朴安的《中华全国风俗志》记载：民国时期，在安徽贵池，农历八月上旬，乡村大半庄稼已经收获，凡是第一次吃新米饭，必须供奉了祖先、家神、灶君、社神，人才能吃，叫作"献新"。在秋社前几天，各家开始准备香烛、纸马、糯米

〔清〕董邦达《绘御笔中秋帖子诗》

粑，在社日这天献给社令，并在社令神位前行礼，叫作"社令会"。作者把这些习俗都归为"贵池中秋风俗"。

后来秋社的习俗在许多地方逐渐衰弱以致消失，而中秋习俗越来越兴盛，其中有一部分庆丰收的活动和意味，应该是秋社的习俗融会到了中秋习俗之中。比如台湾地区民众认为中秋有"秋报"的含义，把中秋节当作福德正神土地公的例祭日。《台湾府志》明确记载："中秋，祀当境土神。盖古者祭祀之礼，与二月二日同。春祈而秋报也。"他们在田间插上"土地公拐杖"，并用月饼祭祀。中秋之夜农民还凑钱请戏班子唱戏，叫作"谢平安"。所以古代的秋社习俗虽然不是中秋节的主要来源，但是看作其源头之一是有道理的。还有不少地方把中秋节当作土地爷的生日，举行祭祀土地爷的活动，就是把中秋节当作庆贺庄稼丰收的节日。

中秋之夜举行的各种游戏娱乐活动，也含有欢庆丰收的意味。

但是自唐代以来中秋节俗毕竟是以赏月、拜月、团圆为主题的，庆贺丰收和祭祀土地神是另一种性质的活动，本来就是在另一个日子举行的秋报习俗衰弱之后嫁接到中秋节习俗上的。总体上来说，在以月亮为中心的习俗搞得很热闹的同时，庆贺丰收的习俗就显得若有若无，在某些地方明显些，而在大部分地方则没有这方面的意图和活动，甚至尝新粮食俗也被人们整合到中秋团圆宴席之中了。

浙江开化的中秋节习俗很有特色，其盛大庄重的舞草龙活动彰显了此地中秋节欢庆丰收的主题。全县18个乡镇的绝大部分村落都有中秋舞草龙习俗，其中以苏庄镇的香火草龙最具代表性。苏庄镇位于浙西的山区，浙皖的交界地带，各个村落分布在绵延起伏的山岭之间，山清水秀、民风古朴。也许是与外界相对隔绝的地理环境和淳厚古雅的民风生态，使得中华民族的中秋节习俗在这里传承、保持得相对完好。

此地的中秋节呈现出珍贵的繁盛状态，舞草龙习俗是在中秋节期间进行的一项大型的公共游艺活动，也是节日的高潮。各个村落过节的时间为农历八月十四、十五、十六三天，每晚都隆重地祭龙、热火朝天地舞龙。节前一个月，有手艺的村民们就开始自发、踊跃地投入扎草龙、制銮驾、做彩饰等准备活动中。

村民们用新割下的芊芳秆做龙身的支架，用刚从田里收来的稻草捆扎在芊芳秆上，做成长长的草龙。在草龙身上密密地插上香，就成了香火草龙。晚上舞龙前点燃这些香火，多人协作舞动起来，草龙就成为欢腾的火龙。

草龙之外还有"銮驾队"，其中有观音、如来佛、孙悟空、猪八戒、沙和尚等神仙造型，鱼虾蚌鳖等海底动物造型，也有飞鸟、蝴蝶、天鹅等带翅动物造型，还有扎成"风调雨顺""五谷丰登""六畜兴旺"等吉祥语的字匾。

銮驾的制作方法是：用篾条扎成牌架，将芋艿秆在上面绑出动物、人物或字体的样子，再将香火插在芋艿杆上。銮驾队是伴龙起舞的，好像龙王的随从，这点也是开化舞龙的特色，其他地方的舞龙活动一般没有銮驾队。节日的晚上，村民们全体出动，或者参加表演，或者帮忙、观看，山村里一派节庆欢腾景象。

苏庄镇富户村的舞龙活动分为几个步骤：鸣锣聚会、呼龙祭龙、接火起龙、街巷巡游、田野舞龙、送龙入海。节日傍晚时分，两人抬着开路锣绕村鸣锣一周，召集舞龙队的人们到祠堂聚集，在祠堂里举行庄重的呼龙祭龙仪式。仪式的开端是祭拜"圣诗"（传说为朱元璋所作），并由一位德高望重的长者吟诵圣诗：

岁到中秋八月中，风光不与四时同。

满天星斗拱明月，拂地笙歌赛火龙。

这首诗点出了舞龙活动与中秋节的一体关系。接着就是呼龙驾临的仪式。一人领呼，众人应和，其呼词是：

祥光朗耀，瑞火辉煌，爆竹齐鸣，迎龙接脉，龙神归位，百煞避藏；左边呼起，人丁兴旺，男臻百福，

女纳千祥，老者蒙安，小者乐顺；右边呼起，五谷丰登，

六畜兴旺，民安物阜，四时无灾，八节有庆；前面呼起，

盗贼双消，人口平安；后面呼起，禾苗秀实，物华天宝。

殄灭山猪并雀鼠，革除虎豹兼虫蝗……

从呼词的内容等可明显看出，舞草龙的文化内涵是感恩自
然、欢庆丰收，并表达对来年丰收平安的希望。

呼龙过后是祭龙仪式：点燃龙身和銮驾上的香火，众人抬
起草龙，拿起銮驾，到村中街巷舞动、巡游。所到之处，家家
户户开门接福，燃放爆竹。然后沿着大道，舞向村边稻田。此
时稻子已收割，正好腾出空地舞龙，田地四周的山坡上站满了
观赏的人群。那矫健的舞姿、奔腾的气势表达着当地民众喜获
丰收的激情、昂扬向上的精神、对富足和谐生活的不懈追求。
田野舞龙完毕，人们敲锣打鼓地将草龙和銮驾送到村边的河里，
意为送龙入海，祈望龙王回宫后能保佑此地来年风调雨顺、庄
稼丰收。

早先的舞龙活动出于村民们对龙神的信仰，现在则主要是
作为节日的欢庆方式和娱乐活动。

对于云南省西部的梁河县阿昌族，八月十五日是一个传统
的农业祭祀节日，叫作"尝新节"。到这个日子，阿昌族家家
户户都要把房子收拾干净，到地里拔一棵果实结得最多的芋

头，砍一棵结双穗的玉米，捆在一根竹棍上，放在堂屋里，代表谷物神老姑太，再摆上各种刚收获的新粮果，举行祭祀老姑太的仪式。然后用刚舂好的新米做成丰盛的饭，全家聚餐。不过人吃饭前，要先喂狗，在这个节日一定要让狗先吃饱吃好。

阿昌族过中秋节不拜月娘，而是祭祀老姑太。这个女神跟月亮崇拜是没有关系的。关于老姑太的来历，阿昌族人传说：古时候，有一个妇女善于种田和纺织，里里外外是把好手，人们尊称她为"老姑太"。老姑太有个独生子，儿子娶媳妇之后，媳妇对老太太不好，经常对她骂骂咧咧的，渐渐地儿子也对她不孝顺了。老姑太只好挂着竹棍离开家，沿路乞讨，成了无家可归的人。一对好心的兄弟收留了她，认她为娘，一起过日子。老姑太就把自己种地的本领传给哥儿俩，一家人日子过得很富足。她又教左邻右舍耕田、种菜，得到人们的尊敬。两兄弟娶了媳妇，有了孩子。兄弟俩对她很好，但是两个媳妇见姑太太年老不中用了，不愿意伺候她，还煮大蚂蟥给她吃，气得老姑太再次离家出走，到了山里。哥儿俩到处找她，在山下苞谷地的窝棚里找到她时，老姑太已经快咽气了。兄弟俩把老姑太背回家，老姑太告别人世前留下话："我死后，每年三月播种的时候，你们给我上一次坟。每年八月十五，你们再给我上次坟，在竹棍上捆一棵新苞谷，放在堂屋里，管保你们有吃有穿。"她去世后，弟兄俩和乡亲们每年祭祀她两次，代代相传，

〔宋〕佚名《犬戏图》

就形成了祭拜老姑太的三月播种节和八月十五尝新节。

尝新节这天为什么必须要先让狗吃饱吃好呢？阿昌族人也有一个传说解释这一习俗：从前稻谷都是自生自长的，不用人耕种就长得跟芭蕉树那么高大。人们因此养成了好吃懒做的习惯，把吃不完的稻谷都糟蹋了。观音娘娘见到这种情况，生气了，一天，她刮起一阵狂风，把稻谷都卷走了，一粒种子都没有留下。不久人们就饿惨了，狗也饿得嗷嗷叫。观音听见狗的惨叫，想到这都是人造的孽，狗没什么错，就朝狗叫的地方撒下一把把谷子。人见了，就撵跑狗，抢着吃谷子。一位老人让大家留下谷种，播撒在田地里。从此人们学会了种谷子，也明白了要勤劳节俭的道理。后来，为了感谢狗给人们带来的粮食，就在八月十五的早晨，家家户户用新收获的稻谷煮好饭让狗美美地吃一顿。[1]

从以上习俗，可知阿昌族的八月十五完全是一个庆贺丰收的习俗节日，跟汉族中秋节的主流习俗是不同的，只是在节期和庆丰收的主题上有重合。

白族在秋季有三个庆祝丰收的节日。一个是中秋节，其主要习俗与汉族中秋节相同，其节日食品除月饼外，还有水果、煮熟的新鲜苞谷、豆角等，以庆贺粮食丰收。另一个是果子节，在八月十六。这天，人们摆上各种水果，在家待客，并到果园里吹唢呐、唱山歌，祭祀百花仙姑，传说是她教会了人们栽培果树。因果子节与中秋节连在一起，也可看作中秋节的一部分。第三个节日是尝新节，白族话称为"茵谷顶"，节期不固定，视稻谷成熟的早晚而定，一般在农历八月中下旬。白族

1　周鸣琦、李人凡主编《中国各民族年节祭会大事典》，陕西人民出版社1995年版，第4页。

的尝新节过得很隆重。过节前几天，白族妇女们就开始为过节做准备。她们穿上漂亮的新衣服，戴着草帽，背上背篓，到稻田里去采选丰盈的成熟稻穗，舂成新米，以便在尝新节那天做成香喷喷的米饭。过节这天，人们聚集在一起，唱歌、看戏、游玩、打霸王鞭。小伙子们三五成群地凑在一起，弹着乐器，到湖边田坝跟姑娘们对歌。天黑前，人们拿着酒肉等供品，到田地里祭"天公地母""五谷神王"，然后回家祭祀"灶君老爷"和列祖列宗。祭祀完毕，全家人与邀请来的客人享受一顿丰盛的晚餐。[1]

过尝新节的民族还有不少，如仡佬族、苗族、布依族、壮族、基诺族、景颇族、拉祜族、傈僳族、满族、瑶族、维吾尔族等。各民族的尝新节（或叫新米节等）习俗各有不同，但有几点是相同的：一是时间都在秋季谷物成熟或收割之后；二是都有吃新米的习俗，且大都祭祀有利耕作和丰收的神灵。不少民族如拉祜族、傈僳族、瑶族、景颇族、侗族、彝族，都有在这个节日厚待狗的传统，关于这个习俗的解释也大致相同：人类在失去谷种之后，狗以某种方式为人类保留下谷种，人们为了感谢狗的帮助，在尝新节让狗吃好喝好。

1　周鸣琦、李人凡主编《中国各民族年节祭会大事典》，陕西人民出版社1995年版，第38页。

捌

中秋的游戏娱乐

我国传统节日的习俗活动有两个特点：一是注重人际交往、伦理教化，二是多为在家庭、家族范围即私人领域内的活动。相对而言，轻松浪漫的娱乐活动、在公共场所举行的大型庆贺活动就比较少。这些特点当然使我们的节日文化有自己的特色和长处，但也造成了不适应现代生活的局限性。比如现在许多青少年就觉得我们的传统节日太累，缺少浪漫色彩，不热闹好玩，等等。这就需要我们在节日的娱乐性和公共性方面进行拓展。

　　中秋节也是如此。本来中秋节产生于轻松浪漫的赏月活动，到了明代，受儒家文化和理学的影响，赏月之风渐衰，而家庭团圆、礼品往来与拜月活动越来越兴盛。到现在，在我国的大部分地方，中秋节主要是在各自家庭举行的团聚、宴饮等活动，很多青年人就觉得这个节日不够轻松有趣，月饼也没什么好吃的。

　　从我国节日的发展史来看，能够发展壮大的节日一般都经历了由较为单纯的节日向复合型、综合性的节日转化的过程，而逐渐衰落的节日的习俗活动就会越来越萎缩，最后销声匿迹。

其实从历史上看，我们的中秋节是颇具轻松浪漫的风格和诗意抒情的氛围的，比如饮酒、赏月、赋诗等；在公共场合举行的大型游艺活动也曾经很多，比如在街市上举行的通宵达旦的灯会、夜市、游园活动等。即使在今天，各地仍然有许多轻松有趣或声势浩大的游戏娱乐活动。下面我们列举一些各地有特色的节庆活动，特别是在公共场所举行的大型游艺活动。[1]

---

1 黄涛《中秋节》，中国社会出版社2006年版，第138—185页。

开封的"铁塔燃灯"

河南开封的中秋节习俗最有特色的是"铁塔燃灯"。铁塔历史悠久，建筑精湛，外观雄伟秀拔，是开封的标志性建筑物，当地有"来开封不登铁塔，等于没来过开封"的说法。铁塔位于开封城东北部，因当年建在开宝寺内，又称开宝寺塔。铁塔始建于北宋皇祐元年（1049），其外表用褐色琉璃砖镶嵌，远看颜色如铁，故民间称为"铁塔"。塔高55.88米，楼阁式结构，平面为八角形，共13层。该塔自古以来就有中秋节燃灯的惯制。每次约用油50斤。塔灯点燃后，远远望去，犹如火龙腾空，十分壮观。元代诗人冯子振留传下来一首吟咏中秋铁塔燃灯盛况的诗歌：

擎天一柱碍云低，破暗功同日月齐。

半夜火龙翻地轴，八方星象下天梯。

光摇滟潋沿珠蚌，影落沧溟照水犀。

火焰逼人高万丈，倒提铁笔向空提。

安徽的舞香龙

在安徽徽州农村，中秋节有舞香龙的习俗。香龙是用稻草编扎而成，龙身插满棒香，夜晚舞龙时，将香点着，龙身一片星光，舞动起来，如同一条火龙，在夜空中耀眼夺目。香龙个头很大，可长达三十丈，身围约二尺。中秋之夜，"五龙闹中秋"，就是五条香龙一起舞。五路香龙由五副锣鼓开路，互相配合，协调一致，队形和舞姿都有一定常规，依次摆出"五龙献月""五龙盘月""五谷丰登""金龙追月"等阵形，场面很是壮观。[1]

在安徽黟县，中秋节这天，小孩子们早早起来，到田地里去捡来稻草，扎成龙形，糊上彩纸，夜里在龙身上插香烛，在街巷里舞动。大的草龙要十多人舞，小的可一人独舞。锣鼓喧阗，爆竹满地，很是热闹。据说没有孩子的人家将龙身上的蜡烛换下来，有利于生育，一种俗信而已。[2]

---

1 徐杰舜主编《汉族民间风俗》，中央民族大学出版社1998年版，第421页。

2 胡朴安《中华全国风俗志》下编，河北人民出版社1988年版，第273、276页。

钱塘江观潮

　　每年中秋时期特别是农历八月十八，杭州、绍兴、余杭、海宁以至上海等钱塘江附近的人们都有观潮的习俗。钱江涌潮是世界上名列前茅的观潮胜地，其壮观景色只有巴西的亚马孙河可与之媲美。诗人苏轼曾留下"八月十八潮，壮观天下无"的名句。八月十八前后，在浙江省海宁市盐官、新仓、黄湾等地沿岸长堤，八方宾客云集，人声鼎沸，多个观潮点的人数合计在数十万人之上。潮水来时，势如万马奔腾，呼啸而至，潮头最高接近 3 米，遇到河床阻力翻起的浪头可达 10 米以上。潮水推进速度达到每秒 4—6 米，涌潮推力达到每平方米 7 吨，可轻而易举卷走几吨重的大石头。潮涌奇观形成的原因是多方面的。首先是月球引力、太阳引力和地球自转离心力导致每天两次涨潮。每月月初与月中，太阳、月亮、地球的位置趋于一条直线，在一月中引力最大，都有较大潮涌，都可观潮。由于夏季至秋季降雨大增，秋潮比春潮要大。而农历八月十五，地球在绕太阳公转的椭圆形轨道上处于一年中离太阳最近的位置，太阳引力最大，因而形成每年一度的最大潮涌，是观潮的最佳时机。其次，钱塘潮涌奇观的形成与钱塘江入海口的特殊地形有关。钱塘江入海的杭州湾呈喇叭状，海潮进入喇叭口时，开始并无障碍，但到瓶颈处，潮水在较狭窄的河道内遇阻挤撞，而后边的潮水一波波涌来，潮头升

〔南宋〕李嵩《月夜看潮图》

高，再往前行，遇到长达数里、横在江中的积沙带时，潮水遇阻喧腾并层叠推高，激发成气势磅礴的大潮。观潮最佳处在海宁盐官镇。

北宋时期，中秋观潮已经成为杭州一带风行的习俗。苏轼有《八月十五日看潮》五首，其中一首为：

定知玉兔十分圆，已作霜风九月寒。

寄语重门休上钥，夜潮留向月中看。

这首诗的意思是：八月十五的月亮果然特别圆，秋风吹来似有九月的寒意了。告诉杭州城的看门人，今夜不要锁城门，留着城门让百姓去看半夜月光下的大潮。还有一首诗描写钱塘潮的气势：

> 万人鼓噪慑吴侬，犹是浮江老阿童。
>
> 欲识潮头高几许，越山浑在浪花中。

此诗的前两句说：大潮迎来时，上万名看潮的当地人一片惊呼声，大家都吓坏了，江面上就像有千军万马杀过来。吴侬，指吴地人，就是杭州一带的人，历史上这里属于吴国。阿童是晋代战将王浚的小名，他在灭了蜀国之后，又率领水军浮江东下，灭了吴国。这首诗说江面上涌来的大潮就像老阿童的水军漂浮着冲过来。后两句说：知道潮头有多高吗？这一带的山峰都淹没在浪涛里了。"越山"就是指杭州一带的山。春秋时期苏杭一带有越国和吴国，春秋末期越王勾践率军攻灭吴国，故杭州也可说是古越国的属地。

南宋吴自牧《梦粱录》记载了当时观潮的盛况：

> 临安风俗，四时奢侈，赏玩殆无虚日。西有湖
> 光可爱，东有江潮堪观，皆绝景也。每岁八月内，潮
> 怒胜于常时，都人自十一日起，便有观者，至十六、

十八日倾城而出，车马纷纷，十八日最为繁盛，二十
日则稍稀矣。十八日盖因帅座出郊，教习节制水军，
自庙子头直至六和塔，家家楼屋，尽为贵戚内侍等雇
赁作看位观潮……其杭人有一等无赖不惜性命之徒，
以大彩旗，或小清凉伞、红绿小伞儿，各系绣色缎子
满竿，伺潮出海门，百十为群，执旗泅水上，以迓子
胥弄潮之戏，或有手脚执五小旗浮潮头而戏弄。

直到现在，农历八月十八日前后三天是观潮节，八月十八
日观潮者最多。

温州的小摆设

温州市旧时有在中秋节陈列小摆设的习俗。所谓小摆设，
就是一些华贵建筑物、器具、神像等的小模型，一般大小在
长度十厘米左右。小摆设的造型，有楼台、花圃、宫殿、大
门、庙宇，有旌旗、对联、乐器、烛台、几案、碗盘、香炉，
也有神仙、人物。小摆设所用材料，有玉、银、铜、锡、石、
木等。陈列的地方，是各家的中堂以及店铺内。一般人家摆
上几桌，有钱的人家要摆上十几桌。民国时期，温州最有名
的小摆设展示者是新福尖铜锡器皿店。在其店堂之中放几

十张方桌，排成长条，上面按次序陈列各色华丽、精致的小摆设。[1]

厦门的"玩会饼博状元"

　　闽南过中秋节除了赏月、吃月饼之外，有一项富于地域文化特色的节令活动——"玩会饼博状元"，尤以厦门为盛。

　　会饼博状元本是历史上用月饼来博彩头的一种游戏，后来逐渐发展成一种程序繁复的节庆民俗活动。

　　"会饼"就是大家会集在一起玩月饼、博彩头的意思，而彩头就是状元、榜眼、探花等古代科举中的功名以及相应的月饼奖品。它在形式上带有赌博的性质，但又不同于一般的赌博，因具相当程度的历史文化内涵，成为当地中秋节俗的重要组成部分。

　　会饼的地点可以在公园、路边、厅堂等公共场所，也可以在家院中。这种活动以"会"为单位。一般一"会"由四五人组成。每"会"使用的月饼有固定的数量和质地差等。一"会"使用一套月饼：六十三块，大小、用料、口味不等，分为六种，设状元饼一个、对堂（榜眼）饼两个、三红（探花）饼四个、

1　叶大兵《中秋节的小摆设》，浙江省民间文艺家协会选编《浙江民俗大观》，当代中国出版社1998年版，第58页。

四进（进士）饼八个、二举（举人）饼十六个、一秀（秀才）饼三十二个。状元饼最大，直径约二十厘米，饼面饰有"嫦娥奔月""桂树玉兔"之类的图案，榜眼饼直径约十三厘米，依次减小，秀才饼直径在一点七厘米左右。游戏时，要准备六个骰子，一个瓷碗。每人将六个骰子掷入碗中，按规定的点数组合样式和点数多少确定获得哪种月饼。

饼的种类、等级的设置基本仿照科举制度的四级考试体系。科举制度确立于唐代，完善于宋代，明清时期延续了这套制度并将之推向极致。明清时期的科举分为四级：通过郡县级的院试者俗称秀才，通过省级的乡试者称为举人，通过京师礼部举办的会试者称为贡士；会试发榜后不久，再举行殿试，由内阁大臣批阅试卷将所有贡士预排名次，最后由皇帝确定三甲进士榜：一甲三名，为状元、榜眼、探花，赐进士及第；二甲若干名，赐进士出身；三甲若干名，赐同进士出身。一二三甲通称进士。皇帝圈定后张贴用黄纸书写的进士榜，此榜又称金榜，考中进士就是金榜题名。由于一般殿试并不淘汰生员，所以考中会试的贡士实际上就是准进士，最后都能获进士资格，所以会饼就不设贡士等级。

传说会饼习俗源于三百多年前郑成功军队的中秋节游戏。当时郑成功率部驻扎在厦门，准备收复台湾。时值中秋节，将士思乡心切，郑成功的部将洪旭发明了这种用月饼博状元的游

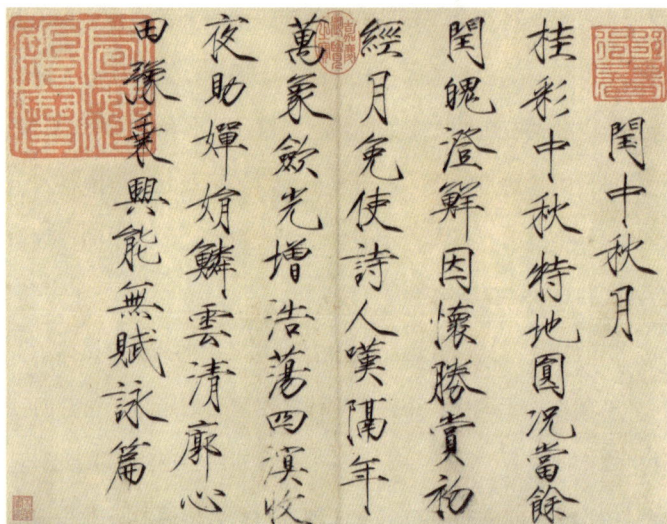

〔北宋〕赵佶《闰中秋月》

戏，让士兵们在中秋之夜尽情欢庆，并鼓舞了士气。从此就有了中秋节会饼博状元的习俗。当然，这只是民间传说，不一定是确切的事实。据学者考证，今见最早的记载是康熙二十四年（1685）蒋毓英编修的《台湾府志》，该书卷六《岁时》记载："中秋，祀当境土神，习俗与二月同，盖春祈秋报之意。是夜，士子递为燕饮赏月，制大面饼一块，中以红朱涂一'元'字，用骰子掷以夺之，有秋闱夺元之想。"按此记载，台湾当时的中秋游戏不叫博状元，而叫博元，其玩法也很简单，只是博一个月饼。在时间上，郑成功东征收复台湾为1661年，此书关于博饼的记载晚二十多年，博饼源于郑成功部队之说倒是可能的。但现在还缺乏充分的证据，有待进一步研究。后来高拱乾、蒋志修的《台湾府志》与前书记载几乎相同，但高拱乾补充说这种饼为"中秋饼"，并说"中秋饼"的博法是：用骰子四颗，得饼者为"四红"，即有四个红彩的四点。从玩法单一的博"中秋饼"到程序繁复的博"状元饼"，是一个重大的变化，应该是博元游戏借鉴吸收了历史上早就存在的"状元筹"游戏。不过状元筹博的是筹，会饼博状元博的是饼，二者不是一回事，不能说博状元起源于状元筹，而是嫁接了状元筹的玩法。早期厦门地方志并无会饼博状元的记载，最早的记载出现于晚清以后。不过，后世此习俗在厦门传承得更为兴盛。[1]

20 世纪初期以来，博状元饼的习俗一直是厦门地区最热闹的中秋习俗，即使在抗战时期也没中断。每到中秋前夕，各饼店便推出大量会饼。中秋之夜，家家户户摆出会饼，赏月博彩。后来有不少会饼者用其他生活用品代替了月饼来游戏，此做法不宜提倡，因为这样下去在内容上会偏离中秋节俗的文化精神，赌博的成分会越来越大。

近年来，厦门、鼓浪屿的有关政府部门与新闻媒体着眼于

1　林玉蓉、陈保君《厦门文史界关注博饼起源新说：打破美丽传说并不是否定博饼文化，中秋博状元是厦门文化中的瑰宝》，载《厦门晚报》2003年8月28日。

会饼博状元习俗的趣味性和平等、进取、拼搏的精神，把它当作地方民俗文化品牌来经营，每年举办"厦门中秋博饼节"，2005年已举办三届。博饼节成为一项集博饼、诗会、书画笔会、摄影比赛、音乐会等多种活动为一体的大型中秋庆典，持续二十多天。一些机关也在内部举办类似活动。

泉州等地的晚会习俗：放孔明灯、"抛帕招亲"、荡秋千、游月娘、烧瓦塔

福建省泉州市过中秋节很热闹。临近中秋，妇女们忙着准备节令食品：买月饼、煮甘薯或芋头。中秋节这天，每家都要蒸一锅甘薯芋头。孩子们到处捡砖头瓦片造瓦塔，在小塔内放上柴草，晚上点燃，有的还往上撒盐巴，烧得噼啪作响。公园里举办中秋游园晚会，有猜灯谜、花灯展、放孔明灯、博状元饼等活动。孔明灯是利用热气上升的原理而造。一般用薄而韧的纸如白宣纸围成上部密封的灯罩，下面开小口，中间悬挂小煤油灯，也有的是在中间的横杆上缠上浸满油脂的破布或棉絮。点着灯以后，热气升腾，孔明灯就冉冉升空，孩子在下面追逐，既好玩又好看。[1]

福建南平、尤溪一带有中秋节"抛帕招亲"的习俗。这天，

1 刘善群《客家礼俗》，福建教育出版社1995年版，第28页。

在广场上搭好彩台，布置月宫、玉兔、桂树等景观。晚上，姑娘们穿着古装扮成嫦娥，在台上歌舞，并把绣花的手帕抛向周围的观众。如果拾到的手帕与姑娘手中留的花色相同，可上台领奖。如果拾到花色相同手帕的人是未婚的小伙子，他又看上这位姑娘，就把手帕还给她以表爱意；如果姑娘看中他，就摘下戒指送给他。

潮州的中秋节有很丰富的节庆活动，月圆之夜举行荡秋千、游月娘（当地俗称月亮为"月娘"）、烧瓦塔、燃烟堆等活动。

荡秋千活动在空旷的草地上进行。搭起差不多两层楼高的秋千架，架子四周拉起一道道绳子，绳子上挂着五颜六色的彩带。月亮升起时，少男少女们穿着节日盛装来到草地上，小伙子们开始竞赛着荡秋千。传说月亮上吴刚砍伐的桂树会掉落下枝叶来，荡秋千最高的人会抢先得到，谁得到就会长生不老。当地习俗，女子这夜不能荡秋千，只能在一边观看。不过她们在现场也有重要的作用，因为小伙子们荡秋千主要是给姑娘们看的，要靠自己的表现赢得姑娘的青睐。姑娘一边看，一边选择自己的意中人。所以月下荡秋千也是一种择偶活动。

游月娘就是孩子们打着月娘灯在外面游玩。大人们用竹条扎成脚盆大小的骨架，再用毛边纸糊成满月的形状。晚上，孩子们在这"月娘"的里面点上蜡烛，扛在肩上，在街巷里游走，看起来，就像一个个月娘下凡飘动。

烧瓦塔，就是有些地方所说的燃宝塔灯。从早晨开始，孩

〔清〕焦秉贞《仕女图册·柳院秋千》

中
秋

子们就到处捡拾瓦片、砖头，集中到大人指定的晒谷场上，由大人把这些砖头、瓦片砌成空心"宝塔"。一般塔高一丈多，粗得一人不能合抱，下面留出塔门。然后把各家送来的柴草、树叶等填进去。晚上月亮升起时，就在塔门处点燃，塔顶冒出火苗。人们还往塔里撒盐，发出噼里啪啦的响声。一会儿，火光大起来，升上空中，照亮整个晒谷场。孩子们围着瓦塔又唱又跳，大人们则聚在一起吃糕饼、喝茶、聊天到深夜，最后瓦塔烧得通体红亮如同一座金塔。

烧瓦塔是南方较为常见的中秋节俗。如在江西，这一习俗称为"烧瓦子灯"。据《中华全国风俗志》，在江西，"中秋夜，一般孩子于野外拾瓦片，堆成一圆塔形，有多孔。黄昏时于明月下置木柴塔中烧之。俟瓦片烧红，再泼以煤油，火上加油，霎时四野火红，照耀如昼。直至夜深，无人观看，始行泼息，是名烧瓦子灯"。

香港地区的花灯会与舞火龙

香港地区民众过中秋有很热闹的户外活动。人们到公园、海滩、度假村赏月、观灯、游逛、看表演。其中灯俗占了很重要的位置。这晚全城到处有花灯。人们吃完晚饭、品尝过月饼之后，喜欢提着灯笼出来赏月，或者在月光下欣赏绚丽多姿的花灯会。各区都有彩灯会，老老少少手提秋灯，来灯会赛灯观灯。各大公园如维多利亚公园、九龙公园、沙田公园等都有大型的灯会，花灯造型有嫦娥奔月、月兔捣药等，非常好看。维多利亚公园是最大的公园，每年中秋来这里游览的人数都超过十万人。除了公共场合的大型灯会，在家庭里还有"竖中秋"活动。"竖中秋"就是把彩灯竖起来庆中秋的意思。孩子们在家长的指导下用竹纸扎成兔崽灯、阳桃灯等，先横挂在短竿上，再将短竿拴在长竿上，把长竿树起来，就成了一棵结满灯的果实的"灯树"，点燃树上的所有小灯，高举起来，在夜里耀眼夺目。孩子们还互相比赛，看谁扎得灯多、灯花漂亮，比谁举得高。还有放天灯的。这种灯用白色宣纸糊制，扎成球体，里面有两根铁丝构成十字形，十字的交叉点固定着燃料。点火生出热气，利用热空气上升的原理将灯球送上夜空。天灯的造型很像一顶孔明帽，又称"孔明灯"。大大小小的天灯在月夜漂浮，孩子们在灯下追逐着，为中秋之夜带来喜庆和欢乐的气氛。

在香港地区，中秋的一个盛大活动是舞火龙。每年农历八月十四日开始，连续三个晚上在香港岛的大坑举行舞火龙的大型表演，许多民众都到这里来观赏。其规模的盛大从参加表演的人数上可见一斑：轮番上阵的舞龙者达三万多人。组织者有总教练、教练、总指挥、指挥等，还设有安全组。八月十四的舞火龙又习惯称为"迎月"。所舞的龙有金龙，银龙和纱龙等多种，火龙一般全长七十多米，三十二节。龙身过去是由稻草扎成，现在改为珍珠草。龙头以屈曲的藤条为骨架，以锯齿的铁片为龙牙，以手电筒做眼睛，以漆红的木片为舌头。舞龙开始后，一个人高举着作为戏龙珠的沙田柚走在前头，龙的全身都插上香火，舞动时火光闪烁，在夜空中星星点点，煞是好看。从前过完节就将火龙抛下铜锣湾避风塘的海水，表示"龙归沧海"。但是这样做会污染海水，近年来人们的环保意识增强了，不再将龙身扔入水中，就在深夜用货车把龙身送到焚化炉里，送它们上天，这也有一个好听的说法——"飞龙在天"。

关于舞火龙的习俗，在大坑一带居民中还流传一个传说：1880 年中秋节前一个晚上，大坑村刮起了台风，一条大蟒蛇乘风侵入村内，见家畜就吃，村民合伙把蟒蛇打死了。台风过后，蟒蛇的死尸奇怪地不见了。过了一阵，村里流行瘟疫，不少人病死了。一个道士说，那条蟒蛇是龙王之子，这是龙王在惩罚人们。后来又有一个老汉声称他做了一个梦，梦中有神灵告诉他：水火不合，海龙王最怕火龙，中秋节连续三晚舞火龙 就能消除瘟疫。村民照办，果然人们的病很快好了，从此大坑一带就有了中秋节舞火龙的习俗。当然，这是当地居民对舞火龙的趣味性解释，并不是科学的说法。故事里的情节都是在过去落后的社会环境里，掌握科学知识很少的人们编造的，不能信以为真。

台湾地区的户外晚会与博饼习俗

台湾地区民众中秋喜欢户外活动，跟赏月习俗密切相关，烤肉的新风尚也是源于赏月。市区会举办团圆晚会，请知名艺人歌唱、演出，并有趣味竞赛、街头艺人演出、乐团演奏等，有的还举行一些手工艺训练活动：做月饼、捏面人、彩绘风筝、草编等，送大葱给未婚姑娘，祝她找到如意郎君，送瓜给已婚妇女，祝福她早生宝宝。高速公路的休息服务区则成了中秋联欢、烤肉赏月的场所，举办烤肉赏月营火晚会，组织地方戏演出、爵士乐音乐会、剥柚子比赛等，连许多老人也出来一起吃月饼、烤肉，赏月，看戏。福鼎、霞浦一带在八月十五晚上还有犁石比赛，也叫曳石比赛，几个人拖着石头跑，看谁跑在前面，参加者多为青少年。

同厦门一带相仿，台湾地区也有博饼习俗，规则相同，只是声势要比厦门一带弱一些。用特制的月饼做游戏工具，叫会饼。用掷骰子的方法决胜负、名次。从前的奖品是月饼和柚子，现在还有手机、数码相机、随身听等奖品。

以上列举了一些地方的特色游艺活动。可以看出，这些在公共场所举行的较大规模的游艺活动使当地中秋节过得有声有色。要繁荣中秋节俗，有关部门应该组织好较大型的中秋欢庆活动，除当地特色习俗之外，一般地方可以组织或鼓励以下公共活动：

古代台湾地区劳动人民收获场景

1. 大型中秋文艺晚会；

2. 在公共场所举行的赏月活动、咏月诗文朗诵
   活动；

3. 夜市，出售中秋纪念物、特色小吃等；

4. 大型的联欢、表演、游戏娱乐活动；

5. 灯会、舞火龙、舞狮子、踩高跷等传统游艺
   项目；

6. 天文科教活动，并提供器材以夜观天象。

浮世百姿

盆の月

玖

中秋在国外

作为中华民族的第二大传统节日，中秋节俗还传播到国外。其传播途径有两种：一是古代中国作为当时世界上的经济强国、文化大国，其文化受到别国追捧、效仿，特别是在东亚出现了包括周边国家在内的"汉字文化圈"，中秋节从唐朝开始就随之传播到日本、朝鲜半岛、越南等地；二是随华侨传播到世界各地。由第一种途径传到别国的中秋节是由该国全体国民过的，如韩国、朝鲜、日本、越南都是如此；由第二种途径传到别国的，则主要是该国的华侨在过。

那么，都有哪些国家的人过中秋节呢？本来在我国土生土长的中秋节到了别的国家变成什么样子了呢？他们现在还过中秋节吗？

中秋在朝鲜半岛

朝鲜半岛有三大节：春节、中秋、端午，过得很隆重也很热闹。[1] 相比较而言，在中秋和端午两大节中，韩国更重视中秋，朝鲜更重视端午。

韩国的中秋

韩国的节日体系比较复杂，有传统节日，有来自佛教、基督教的节日，有国家规定的若干纪念日、公共活动日等，但是民众最看重的节日是传统节日。他们认为传统节日才是真正的"节"，而来自西方的圣诞节、情人节等只是"找乐子"罢了。当然这只是随便一说，有些宗教性的节日，信徒们还是很郑重的。韩国的传统节日大多也是中国的传统节日，都按旧历来过，而韩国的旧历就是中国的农历。

韩国的中秋节也在农历八月十五，韩语名称可音译为"寒

---

1 还有一种说法是四大节，即把元宵节从春节里分出来，当作独立节日。

佳节"，汉文名叫"秋夕"。其英文名称为 The Harvest Moon Festival，意思是"庆丰收的月亮节"，从中可看出庆丰收的主题在韩国中秋节俗中占有重要位置。韩国政府颁发的假期表上采用的另一个英文名是西方基督教文化中的 Thanksgiving Day（秋收感恩节），这种译法使韩国中秋节获得了另一个名称——"秋收节"。可以说，中秋节在韩国是一个庆祝丰收和感恩的节日，其"感恩"主要是用祭祀的方式来感谢祖先保佑自家获得了丰收，也包括用送礼的方式感谢亲友等对自己的关照和帮助。韩国中秋节的主要习俗有：送礼、团聚、吃松糕、祭祖、扫墓、庆丰收。

总体而言，韩国人很喜欢中秋，把它当作第二大节。节日到来之前一个月左右，各大商场都在大减价，以吸引国民购买礼物赠送亲朋。韩国人很重视人情往来，送礼是临近中秋时一项较普遍的活动。但是也有些人借机与权势人物拉拢关系，以送礼为名，行贿赂之实，所以政府曾多次发文限制官员的节日收礼行为。

韩国人很重视中秋节的家人团聚，把能否回家同父母一起过中秋被看作儿女是否孝顺的重要标准。所以每年中秋节前一两天，韩国会发生"人口大迁移"，四千多万人的韩国差不多有三千多万人在回老家的路上，交通拥挤不堪。只有春节和中秋两个节日才会发生这种情况。政府给民众三天的假期，从农历八月十四放到十六，跟春节的假期相同。有些公司会延长假期到四五天。

在中秋节三天中的第一天，主要是家里的妇女们准备节日食品，晚上则是男女老幼聚在一起做松糕，或者叫松饼。松饼是韩国中秋节的代表性节令物品，其地位就像中国的月饼，没有松饼的中秋节就不称其为中秋节。松饼外形如月牙，是月亮的象征。做法是：将糯米粉煮熟，和好，分成饼状的小块，再包上黄豆、绿豆、芸豆、栗子、芝麻等做成的馅料，捏成半月形或贝壳形，跟饺子的形状有点接近，然后蒸熟。蒸的时候，下面铺一层松针，松针的香气会渗入松饼内。松饼也有很多品种，除了上述一般的松饼外，还有"花松饼""加馅松饼"等。母亲在做松糕时，会向女儿念叨说："做得好松糕，嫁得好人家。"可见会做松糕是女性的必备技能。第一天晚上松糕做好蒸熟后，家里的人们就开始坐在一起吃松糕了，边吃边聊，体会团聚的快乐。[1]

中秋节假期的第二天就是八月十五，是正日子。与中国中秋节的晚餐是正餐不同，韩国八月十五的正餐是早餐，早餐前的祭祖仪式是节日里最庄重的时刻。人们都穿上节日新装，一般男人穿西装，女人穿韩服。在祖先牌位或遗像前供

---

1 据笔者向中国人民大学文学院2005级留学生李有那等同学的调查资料。

上松糕、牛肉、鱼、杂菜、新米饭、酒等美味佳肴，还有坚果、柿子、苹果、梨、枣等各色水果。祭桌的摆设次序也很讲究，比如靠近牌位的第一行放勺子、筷子、酒杯、碟子等，第二行摆鱼肉，按"东鱼西肉"的次序，鱼头要放在右边，第三行放汤，第四行放盛着面食的食盒，第五行放水果，按"红东白西"的次序，即红色的放在东边，白色的放在西边。供桌前有一只香炉，上三炷香。不过随着时间的流逝，有些规矩也在慢慢消失。

祭祀食品一定要丰盛。近年一个家庭备一桌祭祀食品的花销在 14 万韩元左右，约合人民币 1000 元，当然这么贵的价格跟韩国食物价格很高有关系。韩国人还很讲究长子继承制，请神的事是由长子家完成的。如果弟兄几个的话，兄弟们都要到大哥家里祭祖。祭奠开始时，男人们分站在祭桌两边，家族长子把大门打开，恭敬地把祖宗请进家来，然后大家烧香、献贡品，一起行跪拜礼，再将祖灵送走，然后成人男子将祭酒喝掉。祭礼结束后，就享用中秋节的美食。餐桌上除松糕外，还有花样串、炖牛腱、芋头汤等节令饮食。芋头汤也是中秋节的代表性食品。

吃了早饭，全家人到祖坟上扫墓。来到坟前，人们先跪拜三次，再用带来的饭菜给祖先上供。除去杂草，并给坟上添新土，其做法跟中国的清明节扫墓相仿。韩国人的祖坟一般都在山上，所以扫墓称为"上山"。秋夕扫墓是各家的大事，每人都不能耽误。过去扫墓在秋夕前一两天，近代以来多在八月十五这天进行，所以这天城外道路堵塞非常严重。[1]

韩国中秋节的祭祖与扫墓带有感谢祖先给后人带来好收成的意思。

晚上是赏月、娱乐、游戏的时间。女人们在月光下，手拉手围成一个圆圈团团转，边跳边唱，叫"羌羌水月来"，翻译成中文就是"降下来吧，明月的清辉"。这是中秋节的一项很有代表性的游艺。据说这种舞蹈起源于16世纪末。当时，韩国正在抗击日本人的海上侵袭，海防军力不足。海军名将李舜臣就让女人们在晚上围着篝火跳舞，迷惑敌人，使敌人误以为这里有重兵把守。后来这种舞蹈就传了下来，不过现在主要在农村传承，城里人已经不跳了。这种游艺已被立为韩国的"重要无形文化遗产第八号"。女人们还对月许愿。男人们则在空地上踢毽子、摔跤、拔河。

过中秋节最累的当然是女人们，做饭、打扫等家务活很繁重。男人们则很轻松，会聚在一起玩韩国牌。这种牌共四十八张，牌面按十二个月份分开，每月四张，各月的牌印着不同的鲜花，玩的花样很多。还玩一种类似跳棋的"尤茨游戏"，以

---

1 陶文《秋夕节——韩国祭祖扫墓》，《海外文摘》2007年第9期。

及跟中国象棋有所差别的象棋。男人们虽无家务之累，但有些人会觉得过节的经济负担太重。

除了在家庭领域举行的庆贺活动外，一些公共场所也举行一些游艺、展演活动，如企盼长命百岁的龟戏、祈求丰收的牛戏等。一些民俗村有婚礼、祭祀仪式等的演示，有游戏比赛、游客体验、做松糕饼比赛等活动。首尔的德寿宫、景福宫、昌庆宫等古代王宫也向游客免费开放。

朝鲜的中秋

朝鲜秋夕的习俗、文化内涵与韩国在根本上是相同的，但也有一些活动上的差异。

朝鲜秋夕以欢庆丰收和祭扫祖坟为主，瞻仰烈士陵园和纪念碑则成为朝鲜秋夕的特色活动。在首都平壤，人们纷纷穿着鲜艳的民族服装到存放金日成遗体的锦绣山纪念宫去敬献鲜花，到大城山烈士陵园去缅怀革命功臣的丰功伟绩。

朝鲜人自古有在传统节日进行摔跤、跳板、拔河、荡秋千等比赛的传统。多年前，金正日指示要发扬民族传统，朝鲜全国兴起了在秋夕举行"大黄牛奖"摔跤比赛，获得冠军者可以当场牵走一头大黄牛，有的比赛还让获胜者得到一个真金的牛铃铛。这一赛事成为声势很大的节俗活动。

朝鲜秋夕节放假一天。[1]

中秋在日本

现代日本的中秋节不是个隆重的节日，以至于一些在日本留学、工作多年的中国人回来后，都说日本是没有中秋节的，这是由于他们生活的现代城市确实不怎么过这个节，有少量过节的风俗也不引人注意。许多日本青年人也对中秋节没什么印象。但是根据文献资料和日本专家的介绍，日本是确有中秋节的；不仅有，而且还有两个呢：一个是旧历的八月十五，一个是旧历的九月十三。前者是从中国传去的，后者主要是源于本土的文化传统。

日本人现在采用的历法是公历，但是他们从前用的是跟我们一样的农历，是从中国传去的。

日本明治五年（1872）废旧历改新历，把这年的农历十二月三日改为公历的1月1日，也就是1873年1月1日，同时定这一天开始为明治六年。

日本改历的法令颁布后，城市居民很快就采用和适应了。

---

1 陈怡《民俗节日最重家庭团聚——朝鲜人"秋夕"放假一天》，载《新民晚报》2005年9月19日。

但是农民的生活更适于按农历来过，所以农民很不适应，过了一段时间就提出废除新历的要求。日本政府认为这是农民对新历了解不够造成的，就向农民做教育和说服工作。著名启蒙思想家福泽谕吉发表了《改历辩》一书，解释新历法的好处，起了很大的作用。后来全体国民都使用了新历法，一些过去按农历过的节日就转移到新历法中去，比如农历春节的各种习俗就搬到公历的元旦期间来进行。但是中秋节是个以月亮为中心的节日，自有该节以来就是按月亮运行的状态来确定日子的，所以不能按公历的日子来过。日本也有一种"新历旧历对照表"，是同时标记新历和农历的日期表。人们就按这个表推算出农历的八月十五来过中秋节。

日本的"十五夜"

中秋节从中国传入日本的时间是在唐朝后期，更准确些说是在9世纪末到10世纪初。当时日本所处的朝代叫作奈良时代。传入日本后不叫中秋节，而叫"十五夜"或"中秋の名月"（中秋的明月）。

唐代由中国传入日本的中秋节主要是八月十五夜赏月的习

〔日〕月冈芳年《月百姿·四条纳凉》

俗。¹但是，十五夜的月亮不一定是满月，所以又有"お月見"（看月亮）、"めいげつ"（名月）这类相近的名称。日文中形容十五夜还有一些说法，如"良夜"表示这晚天气良好、适于赏月，"无月"表示天气不好、看不到月亮，"雨月"表示这晚下雨，更没有赏月的希望了。

日本的十五夜习俗自奈良时代传入，到平安时代（约相当于中国的五代和宋），在宫廷和贵族阶层形成显著的边赏月边宴饮的习惯，称为"观月宴"或"月の宴"。人们围席而坐，一边赏月一边饮酒聊天，还有人即兴赋诗（日本称为"和歌"）让大家品评。这种习惯被认为是一种风雅的举止而受到追仿，遂使八月十五赏月宴饮的习俗流传到中下层社会。

和中国的情况一样，日本的中秋赏月活动也主要是在城市居民中进行。农村地区很少赏月，或者说，即使有赏月活动，也不是在节日里固定要做的事。农村十五夜的主要习俗是庆贺农作物的丰收。日本自古就有一种"初穗祭"（庆祝初次收穗的祭祀）或叫"秋の収穫祭"的习俗，也是在秋天举行的一种

1　目前在中国，关于中秋节产生时间的说法还不很一致。日本文献关于中秋节从中国传入日本的时间可以验证我们关于中秋节形成于唐朝的说法，由当时传入日本的赏月习俗也可以验证我们关于唐朝中秋习俗主要是赏月的结论。

仪式。于是八月十五赏月宴饮的习俗到了乡下就变为庆贺丰收，并一直保持到现在。

日本传说，十五夜，月亮上开满桂花，桂树下有白兔在做日本烧饼。他们没有嫦娥奔月、吴刚伐桂的神话故事。

在十五夜，日本乡村民众的主要传统是祭月、庆丰收。祭月既是对自古就有的月亮信仰的继承，也融合进了庆丰收的内容，而且还是一种感谢上天佑助丰收的祭礼，这时月亮成为上天的代表。人们在月光朗照的地方摆上芒草或其他鲜花，供上刚收获的芋头、红薯、白萝卜、豆子等，用新粮做的食物如团子、馒头、年糕、米饭、面饼等，还有苹果、梨、柿子等水果。有的地方还摆上水酒，旁边放上灯笼。在这些供品里面，最重要、最有十五夜节日特色的是芒草、芋头、月见团子。

芒草，日文写作すすき，被日本人认为是在十五夜不可缺少的物品。它是秋季七草之一，在日本的一种叫作"花札"的纸牌游戏里被当作八月的花。在日本文化里，芒草是秋天到来的象征物，使人联想到秋天。过去常被日本人用来修造屋顶，也用来作为饲养家畜的草料。古人认为它具有消灾避邪的灵力。十五夜，人们把芒草插在花瓶中，摆在有月光的地方，或者插在大门边、自家的农田里。有些地方还讲究在这天用芒草秆做的筷子吃饭，或者把这种筷子当作祭月的供品之一。

芋头是日本十五夜最常见的节令物品之一。此时正是芋头丰收的时节。所以有的地方十五夜就叫"芋名月"。

"月见团子"也是一种重要的十五夜食品。据说是代替中国的月饼的一种食品，一般做成圆形的，作为圆月的象征。但是大阪等地方的团子不是完全的圆形，而是一头有尖，呈现芋头的形状。据记载，日本做团子的习俗很早就有了，而"月见团子"作为祭月供品在江户时代（相当于明末清初）的文献里方有记录。

在十五夜节日期间，日本各地还有一种有趣的"偷"俗。行偷的人是小孩子们，偷的东西主要是各家祭月的供品。有的是趁主人看不到时摸进家门偷的，也有的地方要先跟主人打招呼才可以"偷"走。在群马县，小孩子到了人家，对主人说："借用一下水井，打点水喝。"然后在主人不注意时偷走供品。在东京都，主人手里拿着芋头、芒草等，向孩子们提问谜语，回答对了才可以拿走。偷的东西除了供品，还可以是其他食物。有的地方还可以到人家的地里去偷红薯、瓜果等。被偷的人家并不生气，反而高兴，因为人们认为这是件吉利的事情。茨城县的人认为，供品被偷走，就是被月神吃掉了。埼玉县的人说：十五夜偷什么都没罪。有的地方的人认为十五夜被人偷了供品，明年更有可能获得丰收。对于小朋友们来说，这种被习俗认可的"偷"，可以使他们得到很多好吃的东西，还有一种玩游戏的刺激感。这种偷俗在大正时代就在很多地方消失了，也有一些地方直到昭和时代还保存着。

十五夜还有一些娱乐或竞技习俗。如在鹿儿岛，农历七月初七到八月十五期间，每晚都有相扑摔跤活动。孩子们则在月光下举行拉绳比赛，绳子是用芒草做的。

日本的十三夜

"十五夜看不到月亮还有十三夜。"这是在日本流传很广的说法。有两个赏月的日子，总会有一次赶上晴天并见到明月。农历九月十三是日本中秋节的另一半。

日本人认为九月十三的月亮跟八月十五一样美。吉田兼好所著的随笔集《徒然草》中说，八月十五日与九月十三日都属于娄宿，是赏玩月色的良夜。从日本的气候状况来说，两个赏月日的存在有其合理性：九月十三的晴天率比八月十五的晴天率要高，就是说，在日本，九月十三比八月十五更适宜赏月。九月十三的月亮被称作"のちの月"（女名月）。

旧时日本人讲究这两个日子都要赏月，如果只看八月十五的月亮而不看九月十三的月亮，就是"片月见"，意思是只看一半月亮。在日本人的传统信仰中，"片月见"是不吉利的，会引起不幸。

〔日〕佚名《日本十二月风俗图卷·八月》

十三夜赏月是日本独有的习俗，其发源时间还没有确定的说法，一说是在宇多天皇时开始在宫中实行的，一说是从醍醐天皇时代的赏月宴会开始的。十三夜与十五夜的习俗有所不同。十五夜重视供芋头，并称为"芋名月"。而农历九月正是收获豆子、栗子的时节，拜月的供品以豆子、栗子为主，祭月时将五颗栗子、五颗豆子和三个团子放进黑色的盘子里，因而十三夜也叫作"豆名月""栗名月"。十三夜习俗的主题也是赏月、拜月和庆丰收。因八月十五只是农作物的初收期，九月十三正是收获期，所以九月十三庆丰收的色彩更重。[1]

现在日本有些地方很重视在八月十五去祖先坟地扫墓，差不多把这个日子当成了跟中国清明节一样的节日。对他们来说，中秋节就是指九月十三。

中秋在越南

中秋在越南是一个隆重的传统节日，是仅次于春节的第二大节。

越南虽然人口不多（2021 年为 9800 万人），却有 54 个民族。民族文化各有特色，而中秋节是越南各地、绝大多数民族都过的节日。越南也使用同我国一样的农历，也是在八月十五过中秋。

越南也流传着嫦娥奔月的神话，跟我们讲的差不多。而我们的吴刚伐桂的故事，到了他们那里则成了阿桂和榕树的故事：吴刚变为阿桂，桂树成了榕树。故事的情节也有较大差异。其中一个版本的故事是这样讲的：

1　以上关于日本中秋节的材料来自两篇日文资料：滋贺《日本的神话、古代史与文化》和《"十三夜"的小知识》。这两篇文章是中国人民大学的日本留学生福永雪提供并翻译的。上述内容也结合了我对福永雪等日本留学生的访谈所得资料。

阿桂是一个爱撒谎的人。有一次他从一位老人那里骗来一棵神奇的榕树。老人告诉他，这棵榕树的叶子可以使人起死回生，把这棵榕树带回家后，要常常浇水，这样才能让它长得枝繁叶茂。另外要切记，这棵榕树忌尿，如果榕树种在院子东侧，人小便时要朝向西侧，不能冲着榕树撒尿，否则榕树就会飞上天去。阿桂把树带回家后，给妻子交代了注意事项，并要她每天给榕树浇水。有一天，阿桂上山砍柴了，妻子忘了给榕树浇水。等阿贵回到家门口的时候，妻子才想起还没给榕树浇水呢。她怕丈夫知道了骂自己，但丈夫马上要进家门了，浇水来不及了，就急中生智，赶忙跑到榕树下，撩起裙子撒了一泡尿。这下子惹了祸，只见榕树慢慢连根拔起，向天上飞去。阿桂正好进门，忙用手中的斧子钩住榕树，想把它拉下来，但是榕树升天的劲头很大，阿桂就这样连斧头一起被带到了月亮上。于是，每到月圆的时候，人们就看到月宫中的榕树和树下的阿桂。

另一个版本的故事说，阿桂得到榕树后，不遵守告诫，用脏水浇树，结果榕树飞上月宫，阿桂因为抓住了仙树，也被带上了天。值得注意的是，在越南的故事中，阿桂来到月宫也是因为犯了错而带有被贬谪的意味，甚至说阿桂人品有问题。这点跟中国吴刚伐桂的故事类似：吴刚也是犯了错被伐到月宫砍树的。看来在越南人的观念中，月宫虽美，但也是一个冷清不宜居的地方。

越南的中秋节也讲究家庭团圆但并非特别强调。中秋之夜，一家人在一起祭月、吃月饼、赏月、聊天。而他们对中秋吃月饼的热衷程度不亚于我们。临近八月十五时，越南的食品市场也兴起"月饼大战"。

越南中秋节期间有较多的娱乐游艺活动。其中最突出的是玩花灯。各地都要举办花灯节，人们进行花灯制作比赛，到处是五颜六色的花灯，营造出浓烈的节日氛围。花灯中最多的是鲤鱼灯。越南人传说中秋之夜有妖精出来害人，打鲤鱼灯可以降魔除妖。孩子们玩鲤鱼灯则带有"跃龙门"的吉祥寓意。以鲤鱼为吉祥物可以说是越南中秋节的一个特色。另外还有舞狮舞龙等欢庆活动。

中秋之夜，人们有的在自家度过，也有许多人结伴外出游玩赏月。青年人举行"唱军鼓"活动，男女对歌，击鼓伴奏。近年来，随着社会生活的变迁，越南中秋节的祭月、团圆等传统习俗在淡化，而娱乐轻松的活动增加，因而这个节日越来越受到青年人的喜爱。

跟中国的中秋节相比，越南中秋节最显著的特色是特别重视儿童，简直有点"儿童节"的味道。中秋节期间除了有"月饼大战"，还有"玩具大战"，市面上摆出很多玩具，供家长们给孩子挑选。很多单位给员工的孩子们举办联欢会，各娱乐场所举办专门为孩子们准备的歌舞、木偶戏等表演，学习成绩好的孩子在这天会得到奖励。晚上，各家的孩子们提着花灯出来游玩，成群结队地嬉戏到深夜。[1]

中秋在新加坡

中秋在新加坡是一个隆重的传统节日，这主要是由于在这个旅游经济占重要位置的城市国家，华人占到了总人口的将近百分之八十。一般说来，华人在世界上走到哪里，就把我们的节日带到哪里。所以，中秋节在这个华人占大多数的国家就过得很热闹，甚至比我国还热闹。曾有赴新加坡留学生这样描述当地庆祝中秋的盛况：

　　这里有浓郁的节日气氛、丰富多彩的喜庆活动、官方和民间的广泛参与。和国内相比，新加坡的中秋节要热闹得多。人们普遍认为，中秋是最富有诗意和人情味的节日。

　　离过节还有十多天的时间，"2003 年中秋节筹

1　以上关于越南中秋节的部分资料来自与中国人民大学的越南留学生吕氏金清同学的访谈。

办委员会"就召开记者会，介绍节日的一系列活动安排，通过媒体让国民了解欢度中秋的丰富内容。中秋庆祝活动从8月31日到9月11日（农历八月初四至十五），有些活动一直举行至9月28日。这些活动包括每晚举行的灯笼游行、巨型灯展、国际灯笼制作比赛、传统京剧表演、月饼群英会、赏月诗会、猜灯谜等。为使中秋气氛更为浓郁，国家旅游促进局决定，今年的中秋庆祝活动重点放在牛车水（China Town）和裕华园（Chinese Garden，一个中国风格的公园），而一改往年分散在不同主题区的做法。这是为了把中秋节这个传统节日提升到与春节相等的地位，使更多的人聚集在一起，感受节日气氛……

8月31日晚7点30分，庆祝活动首先在华人传统居住区牛车水拉开帷幕，在这里举行的是亮灯仪式和燃放烟花。新加坡共和国总统纳丹亲自主持亮灯仪式。长达两千米的街道，让一千多个鱼形灯笼及彩灯装饰得瑰丽多姿。同时，举办一些街边夜市，售卖传统的中秋月饼、柚子和灯笼等，街上人头攒动，熙熙攘攘，很是热闹。

各大商场都举办中秋晚会，邀请附近社区的居民去参加

〔清〕余省《种秋花图》

池塘快雨晴爽籁拂
皆、洒然片刻间花
事务收拾雪英带露
瀑烟鉌翱地湿芳芳
蝶舞蜓蜓蝙悄速集
桃李分雁谦蚕图著
律幽香意衰意既可
种秋花色便寻入
亲涛贵适以给先秋

右种秋花之作命以
因思为学方几事豫
则立
待意为图时乾隆雨
寅初秋海崖

联欢活动，免费提供月饼让大家品尝。各个大学在中秋节期间都要举办丰富多彩的庆祝活动，展示中华特色文化。有人详细记载了南洋理工大学的中秋游园会。新加坡的教育部长参加了该校的游园会并致辞祝贺，并在发言中两度引用苏东坡的名句"但愿人长久，千里共婵娟"。晚会表演的节目有擂大鼓、民乐演奏等。学校的广场上有月饼、灯笼和中国字画等在热卖。

可以看出，新加坡的中秋习俗还保留着中华民族的传统文化特色，而且，这里的华人把我们的中秋节传统发扬光大了。通过总统等官员参加中秋节庆祝仪式的记载，也可以看出，这里的华人很受政府的尊重。

新加坡中秋节的一个显著特色是大张旗鼓地办灯会。中秋期间的夜晚被如梦如幻的彩灯装饰得耀眼夺目。大型的灯笼游行、制灯比赛则是气氛热烈的群体活动。

新加坡中秋节的另一个显著特色是重在举办公共场所的欢庆活动。上面介绍的中秋俗都属此类。这里中秋期间也有亲友团聚活动，但是在节俗整体中不占显要位置。

中秋在马来西亚

在马来西亚，华人占总人口的四分之一左右。中秋是华人社会中的重要节日，并在 2003 年被政府定为旅游庆典。华人除了在家里团聚、吃月饼，还在街道、广场等公共场所搞隆重的欢庆活动。人们纷纷提着灯笼参加巡游，并举行舞龙、舞狮、花车巡游等声势浩大的展演。吃月饼也是这里盛行的中秋食俗，临近中秋，大小商场都推出月饼专柜。

2007 年春季，我去马来西亚旅行时，车上的导游先生讲了这样一个关于中秋节的笑话：

有一家养了三个女儿，都出嫁了。这年中秋节期间，三个女儿各自带了女婿回娘家。晚上，女儿们陪着母亲说话，三个女婿到院子里陪岳父吃月饼、喝酒、作诗。岳父说："我给你们出题：你们三个人各自作诗一首，四句诗里要有'圆又圆''缺一半''乱糟糟''静悄悄'。"大女婿先作，他的诗是：

十五月亮圆又圆，

乌云来了缺一半。

天上星星乱糟糟，

乌云散了静悄悄。

岳父点头通过。二女婿接着作：

桌上月饼圆又圆，

花猫来了缺一半。

打走花猫乱糟糟，

花猫走了静悄悄。

岳父听了觉得也还行。该三女婿了。三女婿是个
老粗，吭哧了半天才吟出四句：

岳父岳母圆又圆，

死了一个缺一半。

办起事情乱糟糟，

再死一个静悄悄。

当时导游讲完，旅游大巴上的中国游客都笑起来。我赶紧
把这个故事记下来。中途休息时又向导游了解了一下相关情况。
这个故事能流传下来，说明故事里讲的团聚、赏月、吃月饼等
习俗在马来西亚华侨中是存在的。导游也确认这一点。他的祖
上从中国南方迁来，他是在马来西亚长大的。这个故事是在马
来西亚华人中口头流传的。在本书第二章，我们介绍的中秋赏
月作诗的故事跟这个故事属于同一类型故事的不同文本，可以
对比着看一看。这个例子也能说明民间故事流传的生命力是很
强的。

中秋在菲律宾

菲律宾的中秋主要是华人的节日。华人在菲律宾占全国总人口的百分之二左右。菲律宾在 1898 年才脱离西班牙长达三百多年的殖民统治而获得国家独立，所以该国文化受西方文化的影响很深，一些西方节日如圣诞节、万圣节、情人节、母亲节等过得很热闹。其他宗教性节日、政治性节日、国际通行的节日还有很多。华人已融入菲律宾的主流文化，跟当地人一样过这些数量众多的节日，但也没忘记自己的传统节日。不过由于该国节日太多，当地热带雨林气候跟中国气候差距也很大，华人的传统节日大部分都淡化或不过了，还在过的主要是春节、中秋、清明。

菲律宾华人的中秋节习俗有团聚、吃月饼、掷骰子等。有华人区的马尼拉市还举行规模盛大的节日庆祝游行。游行时展示舞龙、舞狮、中式灯笼、民族服饰等特色项目，并在广场上举行唱歌、武术、服饰、灯笼制作等表演比赛活动。

菲律宾政府和民众对华人的中秋习俗表示尊重。2003 年中秋节，阿罗约总统身穿华服在总统府设宴招待华人代表，2005 年马尼拉市长参加了华人区的中秋庆祝活动，并呼吁所有马尼拉市民都来参加。华人学校的中秋节也过得很热闹，非华人身份的菲律宾教师也兴致勃勃地加入华人师生的节庆活动中。

中秋在泰国

泰国的华人华裔较多，中秋节过得较隆重，并有浓重的中国传统文化氛围。泰国人称中秋为"祈月节"，农历八月十五这晚在家院里举行拜月仪式，所拜神仙有嫦娥、观音、八仙等。临近中秋，商场的月饼专柜随处可见，月饼包装上大多有中国风格的图画。除月饼之外，泰国中秋节的特色食品还有柚子，他们把又大又圆的柚子当作团圆的象征。

以上亚洲国家的中秋节显然都是受中国传统文化影响的。还有一些国家的拜月或赏月的节日不是在农历八月十五，如柬埔寨人的"拜月节"在佛历十二月上弦十五日，缅甸的"光明节"在缅历八月的月圆日，坦桑尼亚的"月圆节"在公历九月的月圆日，伊朗"麦赫尔干节"在伊朗太阳历的七月十六日，这些节日应看作各国本土的文化传统，与中国传统不是同质的。

后 记

农历八月十五，

一年里月光最好的日子，

天高气爽，田野里一片金黄。

我们在朗朗的圆月下聚集，

喝酒，吟诗，遐想，

弹着吉他唱月亮，

无拘无束地玩耍，

还品尝各样的美食，

翩翩舞影里加入了嫦娥和吴刚。

穿越时空，

游历明清、两宋和盛唐，

中秋节的夜空缀满了温情、浪漫与狂放。

  以上是我为《中国节典：四大传统节日》的"中秋"部分所写的题记，结合历史上特别是唐宋时期的过节情形，据实描述更接近本原形态的中秋传统的自在、诗性、可爱与趣味。在这里引用它，是由于它较好地勾画出了我在完成本书写作后心目中浮现的对中秋节的美好印象。

我对中秋节的研究始于2006年底。那时文化部委托中国民俗学会完成"民族传统节日与国家法定假日"的课题，是为国家调整法定节假日制度、给传统节日增加假日做准备的。课题组以时任中国民俗学会会长的刘魁立老师为组长，以时任中国民俗学会秘书长的高丙中教授为副手，成员还有陈连山教授、施爱东研究员。在此之前，我曾参加中央精神文明办公室为同样目的委托中国民俗学会做的一个关于传统节日与法定假日的课题，那次我做的是关于清明节的部分。此次课题我主动换了一个节日做，就与中秋节结下了缘分，做了几年的"中秋节专业户"。2007年刘魁立老师主编"中国民俗文化丛书"，就让我写了《中秋节》。那本书算是学术研讨性的作品，跟眼前这本《中秋》有很大不同。眼前这本完全是按"节日里的中国"丛书的要求重新写就的，更为通俗易懂，也增添了一些新内容。

近年来，我算是在传统节日研究方面下了些功夫。做了一通爬梳之后，感觉跟以前相比，自己对这些节日的感情真是不一样了，不只是多懂了若干相关知识，而且更加喜欢它们了。确实，由于种种原因，传统节日在现代社会被我们过得太单调了，有的甚至索然寡味了，而通过研究其历史形态，发现它们原来那样丰富活泼、浪漫有趣、生机勃勃。我不仅发现了它们各自原有的独特魅力，而且发现了它们可以在现代社会存活发展的别样的可能性和新的广阔的空间，也深深体会到繁荣这些传统节日对我们今天进行文化重建的重要意义。中秋节正是这样一个魅力无限而亟须重振的节日。

黄涛